붓다처럼 살기

Just One Thing
by Rick Hanson, PhD

Copyright © 2011 by Rick Hanson, PhD, New Harbinger Publications,
5674 Shattuck Avenue, Oakland, CA 94609.
The Korean edition published by arrangement with New Harbinger Publications
through Yu Ri Jang Literary Agency, Korea.
Korean translation copyright © 2012 by Yoldaerim Publishing Co.

이 책의 한국어판 저작권은 유리장 에이전시를 통해
저작권자와 독점계약한 도서출판 열대림에 있습니다.
신저작권법에 의해 한국 내에서 보호를 받는
저작물이므로 무단 전재와 복제를 금합니다.

붓다처럼 살기

하루에 한 가지씩 실천하는 붓다 브레인

릭 핸슨 지음 | 이보경 옮김

열대림

옮긴이 **이보경**
동아대학교 영어영문학과를 졸업하고 이화여대 통역번역대학원에서
한영 번역학 석사학위를 받았다. 로이터 통신의 온라인 기자를 거쳐
현재 KBS 국제방송국 영어뉴스 라이터 및 영화자막 번역가로 활동하며
이화여대 통역번역대학원에 출강 중이다. 옮긴 책으로《인저스티스》,
《오페라의 유령》,《Great Artists — 세기를 빛낸 위대한 화가들》등이 있다.

붓다처럼 살기
하루에 한 가지씩 실천하는 붓다 브레인

초판 1쇄 인쇄 2012년 9월 1일
초판 1쇄 발행 2012년 9월 5일

지은이 | 릭 핸슨
옮긴이 | 이보경
펴낸이 | 정차임
디자인 | 신성기획
펴낸곳 | 도서출판 열대림
출판등록 | 2003년 6월 4일 제313-2003-202호
주소 | 서울시 영등포구 양평동3가 66 삼호 1-2104
전화 | 332-1212
팩스 | 332-2111
이메일 | yoldaerim@naver.com

ISBN 978-89-90989-51-2 03800

* 잘못된 책은 바꿔드립니다.
* 값은 뒤표지에 있습니다.

추천의 글들

"이 책에 소개된 수련법은 지혜롭고 단순하고 과학적이고 유익하다. 당신의 인생을 바꿀 수행법!" — 잭 콘필드 박사, 《The Wise Heart》, 《A Path with Heart》의 저자

"《붓다처럼 살기(Just One Thing)》는 우리가 인생에서 더 큰 행복과 사랑을 누릴 수 있는 단순하고 실용적인 수련법으로 가득하다. 뇌과학에 기초하고 있지만 가슴으로 써내려간 보석 같은 책이다." — 마시 쉬모프, 《Happy for No Reason》의 저자

"사람들은 누구나 더 행복하고 건강하게 살고 싶고 스트레스에 시달리지 않고 자신의 상태를 객관적으로 받아들이고 싶지만 이를 위해 노력할 시간은 사실상 부족하다. 이 책이 훌륭한 점은 우리가 자신의 잠재력을 최대치로 발휘하도록 일상 속에서 실천할 수 있는 강력하고 효과적인 수련법을 제시한다는 데 있다. — 크리스틴 네프 박사, 텍사스 대학 부교수, 《Self-Compassion》의 저자

"대단히 명쾌하고 실용적인 이 책은 전통 불교의 지혜, 현대 심리학, 최신 신경생물학에서 얻은 심오한 통찰을 결합하여, 행복하고 보람된 삶을 위해 누구나 쉽게 활용할 수 있는 단순한 방법으로 압축해 놓았다. 몇 페이지만 읽고도 예전보다 깨어 있고 살아 있다는 느낌을 받았다." — 로널드 D. 시겔, 임상심리학 박사, 하버드 의과대학 심리학과 교수, 《The Mindfulness Solution》의 저자

"정신을 맑게 하고 마음을 여는 실천적 수련법을 찾고 있다면 이 책을 강력 추천한다. 흥미로운 과학, 심리학에 대한 이해, 시대를 초월하는 지혜를 기반으로 하는 이 책은 행복하고 평온한 삶을 위한 쉽고도 실행 가능한 수련법을 제시한다." — 타라 바라크 박사, 《Radical Happiness》의 저자

"릭 핸슨은 불교의 자기 성찰과 심리학의 핵심 연구를 결합하여 행복하고 건강한 삶을 위한 52가지 핵심 수련법으로 집약했다. 놀랍도록 단순한 이 책은 좀더 충만하고 깊이 있는 삶을 향해 나아가도록 든든한 길잡이 역할을 해준다. 읽고 실천하라. 그러면 뇌가 보답하리라." — 크리스토퍼 K. 거머 박사, 하버드 의과대학 강사, 《The Mindful Path to Self-Compassion》의 저자

"보석처럼 빛나는 이 책은 릭 핸슨의 전작 《붓다 브레인》의 완벽한 후속편이다. 이 책에서 제시하는 쉽고도 단순한 수십 개의 수련법은 우리의 뇌에 조금씩 마법처럼 놀라운 변화를 일으켜 누구나 평화롭고 만족스러운 붓다의 삶을 살 수 있도록 이끌어준다. 언제나 곁에 두고 평생의 동반자로 삼을 수 있는 책이다." — 토니 번하드, 《How to Be Sick—A Buddhist-Inspired Guide for the Chronically Ill and their Caregivers》의 저자

"모르는 사람에게 어떤 책을 꼭 사서 보라고 애원한다면 부적절한 행동일까? 그렇다면 내 행동이 그렇다고 할 수 있겠다. 나는 객관적 과학과 불교의 가르침을 결합한 이 책이 일으키는 기적을 경험해 보라고 여러분에게 애원하는 바이다. 항상 이 책을 곁에 두고 사랑하는 사람들에게도 한 권씩 선물하라."
― 제니퍼 루덴, 《The Woman's Comfort Book》, 《The Life Organizer》의 저자

"놀라운 인생 지침서이다! 단순하지만 심오한 수련법은 뇌를 변화시키고, 마음을 열고, 행복을 키운다. 릭 핸슨의 《붓다처럼 살기(Just One Thing)》는 일종의 지도이다. 이 지도를 따라가면 분명 더 행복하고 기쁨이 넘치는 삶을 살게 될 것이다." ― 제임스 바라즈, 《Awakening Joy》의 저자

차례

추천의 글들 _5
책머리에 _11

1부 자아

1장 자기 편 되기 _25
2장 좋은 일 받아들이기 _30
3장 자신에게 연민의 마음 갖기 _36
4장 긴장 풀기 _40
5장 자신의 좋은 점 보기 _43
6장 느리게 살기 _47
7장 스스로를 용서하기 _51
8장 충분한 수면 _56
9장 내 몸 잘 대접하기 _61
10장 뇌에 영양 공급하기 _65
11장 뇌 보호하기 _68

2부 기쁨

12장 마음껏 기쁨 누리기 _73
13장 '예스'라고 말하기 _76
14장 휴식하기 _81
15장 기뻐하기 _86
16장 믿음 갖기 _90
17장 아름다움 찾기 _95
18장 감사하기 _98
19장 미소 머금기 _102
20장 신바람 내기 _105

3부 열정

21장 강점 찾기 _111
22장 마음 챙기기 _114
23장 인내심 갖기 _119
24장 겸손 _124
25장 잠시 멈추기 _128
26장 통찰 _132
27장 의지 _137
28장 쉼터 찾기 _141
29장 두려운 경험 극복하기 _144
30장 집착 없이 열망하기 _150
31장 계속 전진하기 _154

4부 소통

32장 호기심 _161
33장 손 즐기기 _165
34장 모르기 _168
35장 할 수 있는 일 하기 _173
36장 영향력이 한계 인정하기 _176
37장 원인 돌보기 _179
38장 놀라지 않기 _183
39장 불 끄기 _188
40장 꿈을 크게 갖기 _192
41장 관대해지기 _195

5부 평화

42장 난 지금 괜찮아 _201
43장 기질을 존중하기 _205
44장 내면의 아이 사랑하기 _211
45장 화살 던지지 않기 _215
46장 불완전함에 대한 불안 버리기 _219
47장 내면의 집 _223
48장 피해의식 갖지 않기 _227
49장 안전하다고 느끼기 _231
50장 마음 속의 구멍 채우기 _235
51장 놓아버리기 _241
52장 사랑하기 _246

옮긴이 후기 _251
참고문헌 _254

책머리에

마음이 뇌를 변화시킨다

이 책은 일상적으로 할 수 있는 간단한 수련에 관한 책입니다. 주로 머릿속으로 하는 단순한 수련을 통해 안정감, 자존감, 회복력, 능률, 행복감, 통찰력, 내면의 평화를 증진시킬 수 있습니다. 이런 수련의 예로는 좋은 일 받아들이기, 뇌 보호하기, 안정감, 불완전함에 대한 불안 버리기, 모르기, 손 즐기기, 쉼터 찾기, 마음 속의 구멍 채우기 등이 있습니다.

얼핏 보면 너무 단순하기 때문에 이런 수련의 힘을 과소평가하기가 쉽지요. 그러나 수련을 계속 하면 '경험의존적 신경가소성'(뇌의 신경회로가 외부의 자극과 경험, 학습을 통해 구조 및 기능적으로 변화하는 현상-옮긴이)이라는 과정을 거쳐 뇌가 점차 변화합니다.

소리, 감각, 생각, 간절한 소망 등 순간순간 인간이 갖는 인식은 모두 신경의 활동에 바탕을 두고 있습니다. 이는 기억의 응고화(뇌에 저장된 새로운 정보가 확고한 기억으로 저장, 유지되는 가상적 과정-옮긴이)나 호흡 조절 등 무의식적인 과정의 경우에도 마찬가지입니다. 물리적으로 존재하는 뇌가 정확히 어떻게 해서 추상적인 의식을 만들어내는가는 여전히 미스

터리로 남아 있습니다. 그러나 신, 영혼, 대지 등 그 이름이 무엇이든 초월적 존재의 영향을 제외한다면 정신적 활동과 신경의 활동은 일대 일로 대응합니다.

뇌와 마음은 서로 연결되어 있습니다. 뇌가 변하면 마음이 변하고, 마음이 변하면 뇌도 변합니다. 다시 말해, 사람이 어디에 주의를 기울이는가, 무엇을 생각하고 느끼고 원하는가, 사물에 대해 어떻게 반응하는가 등이 여러 가지 방법으로 뇌에 무엇인가를 새겨놓는다는 놀라운 이야기입니다.

- 뇌에서 활동이 많은 영역에는 혈액이 더 많이 흐릅니다. 산소와 포도당을 더 많이 필요로 하기 때문이지요.
- 뉴런 내에 있는 유전자의 활동이 활발해지거나 감소합니다. 예를 들어 규칙적으로 긴장을 풀어주는 사람의 경우 스트레스 반응을 진정시키는 유전자가 더욱 잘 발현되므로 회복력이 강해집니다.
- 신경 연결 부위는 쓰지 않으면 활성이 줄어듭니다. '가장 바쁘게 움직이는 자가 살아남는' 뉴런 차원의 적자생존인 셈입니다. 쓰지 않으면 소멸하는 것이지요.
- "함께 활성화되는 신경세포는 서로 연결된다." 심리학자 도널드 헵의 저서에 등장하는 이 말은 활성화된 시냅스, 즉 활성화된 뉴런 간의 연결 부위가 더욱 민감해지고, 거기서 새로운 시냅스가 생성되며, 그 결과 뉴런이 두꺼워진다는 의미입니다. 예를 들어

미로 같은 런던의 거리를 누비는 택시 기사들은 복잡한 도로망을 기억하는 훈련을 스스로 반복한 결과, 뇌에서 시각과 공간 기억을 담당하는 해마가 보통 사람들보다 큽니다. 마찬가지로, 규칙적으로 마음 챙김 명상을 하는 사람의 경우 몸과 감정 상태를 인식할 때 활성화되는 뇌도와 주의를 통제하는 전전두엽(뇌의 앞쪽)의 일부에서 뉴런이 두껍게 발달합니다.

깊이 들어가면 복잡하지만 핵심은 간단합니다. '마음을 어떻게 쓰는가에 따라 뇌가 달라진다'는 것입니다. 좋은 쪽으로든 나쁜 쪽으로든 말이지요.

"마음은 마음이 놓인 자리의 모습을 따라간다"는 옛말이 있습니다. 현대 뇌과학의 입장에서 표현하자면 "뇌는 마음이 놓인 자리의 모습을 따라간다"고 할 수 있겠습니다. 예를 들어 마음이 늘 걱정, 자책감, 분노에 가득 차 있다면 뇌도 점차 그런 모습으로 변해갑니다. 즉 두려움, 낮은 자존감, 발끈하는 마음가짐에 해당하는 뉴런의 구조와 작동 방식이 발달합니다. 반면 이 책이 제시하는 세 가지 수련, 그러니까 '지금 나는 괜찮다'는 사실 인식하기, 자신의 좋은 면 보기, 놓아버리기 등을 규칙적으로 실천하는 사람의 뇌는 차분한 힘, 자신감, 내면의 평화가 충만한 형태로 변화합니다.

인간은 뇌의 변화를 막을 수 없습니다. 중요한 것은 '내가 원하는 방향으로 변화시키는 것'입니다.

수련으로 붓다 브레인 만들기

원하는 변화를 일으키려면 수련을 해야 합니다. 수련이란 생각, 말, 행동을 규칙적으로 실행하는 것입니다. 수련을 통해 자신의 내면에서 긍정적인 측면을 늘리고 부정적인 측면을 줄일 수 있습니다. 예를 들어 마음 챙기기(22장)를 하면 부정적인 감정을 억제하는 왼쪽 전전두엽 피질이 활성화되고 기분이 좋아진다는 연구 결과가 있습니다. 또한 뇌의 경보장치인 편도체의 활동이 억제됩니다. 마찬가지로, 자신에게 연민의 마음을 가지면(3장) 회복력이 생기고 부정적 생각을 곱씹는 일이 줄어듭니다.

기본적으로 수련은 마음의 정원에서 잡초를 뽑고 꽃을 심는 일이며, 이렇게 하면 뇌에서도 비슷한 변화가 일어납니다. 그리하여 정원은 더욱 아름다워지고 나는 더욱 훌륭한 정원사가 되는 것이지요. 주의해야 할 점과 나아갈 방향을 더 잘 파악하게 되고, 생각이 명료해지며, 감정 관리와 동기 부여도 더 잘 하게 되고, 회복력도 강해지며, 인생의 롤러 코스터도 더 잘 타게 됩니다.

수련이라는 행위에는 수련 자체의 가치를 뛰어넘는 이득이 숨어 있습니다. 어떤 수련이든 수련을 행하는 것은 스스로에게 친절을 베푸는 행동입니다. 스스로를 중요한 사람으로 대접하는 것입니다. 어릴 때, 아니면 성인이 된 후 남들에게 존중이나 관심을 받지 못했다고 느끼는 사람에게는 수련이 특히 중요하며, 분명한 치유 효과가 있습니다. 게다가 수련을 하면 수동적인 상태에서 벗어나 능동적으로 되어 낙관주의,

회복력, 행복은 커지고 우울증에 빠질 위험은 줄어듭니다.

궁극적으로 수련은 개인의 변화의 과정으로서, 탐욕, 증오, 마음의 고통, 망상의 뿌리를 조금씩 거두어내고 이를 만족감, 평화, 사랑, 명료함으로 대체하는 과정입니다. 수련을 하다 보면 때로는 스스로 내면을 변화시키는 것 같기도 하고, 때로는 타고난 선함, 사랑의 마음, 인식 능력 등 원래 처음부터 내 안에 존재하던 훌륭하고 아름다운 것들을 깨닫고 있을 뿐이라는 느낌이 들기도 합니다.

어느 쪽이든 수련은 고통의 원인과 고통을 끝내는 법을 깊이 이해하는 뇌, 이른바 '붓다 브레인'을 개발하는 과정입니다. 사실 붓다(buddha)라는 단어의 원래 의미는 '알다, 깨닫다'입니다(buddha의 b를 대문자로 쓰지 않은 이유는 불교의 창시자 '붓다'와 구분하기 위해서입니다). 이렇게 넓은 의미에서 볼 때, 기독교인이든, 유대인이든, 이슬람 신자든, 힌두교도든, 불가지론자든, 무신론자든, 그 어느 것도 아니든, 심리적 성장을 위해 노력하거나 정신 수련을 실천하는 사람은 붓다 브레인과 그 특성, 즉 연민의 마음과 미덕, 마음 챙김, 지혜를 개발하는 사람입니다.

작은 노력의 법칙

하지만 수련 방법이 번거롭다면 나를 포함하여 대부분의 사람들은 수련을 포기할 것입니다. 그래서 이 책에 소개한 수련 방법은 아름다움 찾기(17장)처럼 간단한 활동이거나, 불완전함에 대한 불안 버리기(46장)나 피해의식 갖지 않기(48장)처럼 단순히 마음의 자세 또는 세상을 바라보는 시각일 뿐입니다.

　매번 수련하는 시간은 짧지만 이것이 모이면 긴 시간이 됩니다. 작은 노력의 법칙이지요. 마음의 움직임에 따라 신경 구조에 변화가 생기고 이런 변화가 조금씩 뇌에 축적됩니다. 작은 것들이 쌓이고 쌓여 행복을 갉아먹을 수도 있고 삶이 더 나아질 수도 있습니다. 운동과 똑같습니다. 달리기 한 번, 필라테스 한 번, 역기 운동을 한 번 한다고 해서 몸이 크게 달라지지는 않지요. 하지만 계속 반복하면 근육이 생깁니다. 마찬가지로 작은 행동을 규칙적으로 반복하면 뇌에 '근육'이 형성됩니다. 최신 뇌과학을 근거로, 수련이 효과가 있다는 사실을 확신할 수 있습니다.

이 책을 사용하는 방법

　수련은 꾸준히 실천하는 것이 중요합니다. 따라서 한 번에 한 가지 수련에 집중하는 편이 좋습니다. 현대인의 삶은 너무도 바쁘고 복잡해서 한 가지에만 집중하는 것도 대단한 일이니까요.

　물론 한 가지를 하더라도 제대로 된 것을 해야 합니다. 나는 40년 동안 수련을 해왔습니다. 처음에는 행복을 찾는 젊은이로서, 나중에는 일과 가정을 가진 남편이자 아버지로서, 그리고 지금은 신경심리학자이자 명상 지도자로서 수련을 해왔습니다. 이 책에서 나는 회복력, 내면의 힘, 행복, 내적 평화와 관련된 신경 기질을 만들어내는 데 가장 좋은 수련을 택했습니다. 이 가운데 내가 새로 만들어낸 것은 하나도 없습니다. 사람들이 새해 결심으로 선택하면서도 잘 실천하지 않는 기본적인 내용일 수도 있습니다. 인간의 삶이 달라지는 데 가장 중요한 요소는 바로 이 '실천'이지요.

이 책에서 소개한 수련은 여러 가지 방법으로 실천할 수 있습니다.

첫째, 내 삶에 큰 변화를 가져올 수 있는 한 가지 수련 방법을 찾아냅니다.

둘째, 이 책의 여러 장 중에서 특정 문제를 해결하는 데 도움이 될 만한 부분을 찾아 그 부분의 수련에 집중합니다. 예를 들어 자기 비판적인 사람이라면 1장에 소개한 자신에게 관대해지는 수련을 하거나, 걱정이나 불안이 많은 사람이라면 5장에 제시한 마음의 평화를 찾는 수련을 하면 됩니다.

셋째, 문제를 해결하는 데 지금 이 순간 가장 도움이 될 것이라고 생각되는 수련을 그때그때 골라서 실행합니다.

넷째, 이 책에서 소개한 52가지 수련을 매주 하나씩 실천하여 지금부터 일 년을 '수련의 해'로 삼습니다.

어떤 식으로 하든 단순하게 해야 하며 한 번에 한 가지 수련에 집중해야 합니다. 여기서 '한 번'이란 친구와의 짜증스러운 대화, 직장에서의 중대한 프로젝트, 명상 등 어떤 상황이나 사건일 수도 있고, 시간적으로는 하루 또는 그보다 더 긴 시간일 수도 있습니다. 또한 한 가지 수련을 하는 동안에 다른 수련 방법과 그 수련의 효과가 마음 한쪽에서 작동할 수도 있습니다. 예를 들어 의식의 표면에서는 48장의 '피해의식 갖지 않기'가 작동하면서 의식의 저편에서는 28장의 '쉼터 찾기'가 작동할 수 있다는 뜻입니다.

매일 무슨 수련을 하는가를 의식하고 있어야 합니다. 수련하고 있음을 확실히 의식하고 있을수록 수련의 효과는 커집니다. 수련에 대해 가끔씩 생각하는 데서 한 걸음 더 나아가 메모지에 핵심 단어를 써놓거나, 수련 일기를 쓰거나, 친구에게 수련 이야기를 하는 등 계속 수련에 마음을 기울이면 좋습니다. 아니면 심리 치료, 요가, 명상, 기도처럼 심리적·영신적 활동과 수련을 결합하는 것도 좋은 방법입니다.

52가지 수련 방법을 제시하면서 나는 다음과 같은 몇 가지 선택을 해야만 했습니다.

- 수련은 지극히 단순합니다. 각 연습에 대해 더 많은 얘기를 할 수도 있을 것입니다. 각 장의 제목이 곧 수련의 이름입니다. 각 장의 첫머리는 '왜(why)' 이 수련을 해야 하는가에 대한 설명이며, 이어서 '어떻게(how)' 이 수련을 실행할지에 대한 설명이 따라나옵니다. 각 장의 길이는 주제에 따라 다릅니다.
- 마지막 수련 한 가지를 제외하면 이 책에서 나는 다른 사람과 함께 하는 수련보다는 내면의 수련, 이를테면 감사하기(18장) 등을 강조했습니다(대인관계와 관련된 수련에 관심이 있다면 www.RickHanson.net을

방문하여 무료로 제공하는 Just One Thing 뉴스레터를 신청하시면 도움이 될 것입니다). 그렇지만 가까운 친구와 둘이 수련을 하거나 가족, 직장 동료, 독서 모임 등 여러 사람이 모인 집단과 함께 해도 됩니다.

- 이 책에 소개된 수련 방법은 대부분 마음 속에서 어떤 행동을 취하는 방식입니다. 그러나 자신의 몸과 주위 세계에 대해 어떤 행동을 취하는 것 역시 중요합니다.
- 마음과 영혼이 성장하는 데에는 세 가지 기본 단계가 있습니다. 오래된 마음의 상처나 분노 등 어려운 대상과 마주하고, 내려놓고, 좀더 이로운 것으로 대체하는 것입니다. 간단히 말해, 마주하고, 놓아버리고, 새로 들이는 것입니다. 독자는 각 단계에 적합한 수련을 스스로 찾아낼 수 있을 것입니다. 내 경우에는 주로 세 번째에 집중했는데, 이는 세 번째 단계를 위한 수련이 스트레스와 나쁜 기분을 줄여주고 긍정적인 성질을 개발하는 데 가장 직접적이고 신속한 방법인 경우가 많기 때문입니다.
- 나는 정신에도 물질에도 무엇인가 초월적인 것이 있다는 사실을 경험하기도 했고 믿기도 하지만 이 책에서는 서양 과학의 테두리를 벗어나지 않았습니다.

수련을 즐기면서 하세요. 너무 진지할 필요는 없다는 뜻입니다. 마음대로 아이디어를 내서 자신의 필요에 적합하게 변형해도 됩니다. 나는 각 장에서 몇 가지 수련 방법을 제시해 놓았지만 이것을 모두 실천할 필요는 없습니다. 각자 자신에게 가장 적합하다고 생각되는 방법을 골라서 실천하면 됩니다.

수련을 하는 동안 자신의 상태를 잘 살펴보세요. 어떤 수련은 계속하기가 너무 힘들 수도 있고, 하다 보면 고통스러운 기억이 떠오를 수도 있습니다. 그러면 한동안 중단하거나 아예 포기해도 좋습니다. 수련을 위해 여러 가지 경험을 이용해 보세요. 예를 들어, 다른 사람으로부터 따뜻한 관심을 받는 느낌을 떠올리면 자신을 용서하기(7장)가 쉬워집니다. 또 이 수련이 의료 전문가가 행하는 심신의 치료를 대체할 수 없다는 사실도 잊지 마십시오.

계속 나아가기

사람들은 트럭 운전이나 회사 내 부서 운영, 테니스 등을 능숙하게 하려면 오랜 기간에 걸쳐 노력을 기울여야 한다고 생각합니다. 반면에 자신의 마음을 다루는 일은 노력이나 학습 없이도 저절로 잘할 수 있다고 흔히 생각하지요.

그러나 마음은, 실제로 존재하는 인간의 몸에 뿌리를 두고 있으므로 이 역시 노력을 기울인 만큼 결실을 거둡니다. 수련의 결실을 거두려면 수련을 '실천'해야 하고, 또한 계속해서 해야 합니다.

앞서 말한 것처럼 운동과 비슷합니다. 어쩌다 한 번씩 하면 별 효과가 없지만 규칙적으로 하면 크게 향상됩니다. 마음 속으로 노력하는 일이 별 것 아니라는 식으로 말하는 사람들이 있지만 사실 이 작업은 굳은 결심을 갖고 부지런히 해야 하는 작업입니다. 때로는 대단히 힘들고 불편한 일이기도 합니다. 수련은 멍청이들이나 하는 일이 아닙니다. 이익을 얻으려면 노력을 해야 합니다.

그러니 수련을 행하는 자신을 존경하고 칭찬하세요. 수련 활동은 일상적이고도 평범하지만 동시에 심오하면서도 수련자의 염원을 담고 있기도 합니다. 수련을 하는 사람은 자신의 내면에서 가장 좋은 것들을 발견하고, 그것들과 함께 하고, 그것들을 키워가는 사람입니다. 하도(下道)가 아닌 상도(上道)를 걷는 것입니다. 성실함, 결단력, 투지를 발휘하는 것입니다. 이는 파충류, 포유류, 영장류의 특징이 뒤얽힌 정글 같은 뇌와 다루기 힘든 마음을 길들이고 정화하는 과정이기도 합니다. 그리고 내가 가장 큰 영향력을 행사할 수 있고 따라서 현재의 내가 최선을 다해야 할 대상인 미래의 나 자신에게 멋진 선물을 주는 것입니다. 또 수련의 결실은 물결처럼 퍼져나가 내가 아는 사람이든 모르는 사람이든 타인에게도 이익을 줍니다. 수련의 힘에 대해, 그리고 수련을 통해 내가 얼마나 많은 것을 성취할 수 있는가에 대해 결코 의심하지 마십시오.

성공을 빕니다!

릭 핸슨

1부

자아

1장 자기 편 되기

Why 이 책에 소개한 수련 방법들을 통해 행복해지기를 원한다면, 그리고 그 방법들로 무엇인가를 시작하려 한다면 먼저 자기 편이 되어야 합니다. 다른 사람의 적이 되라는 뜻이 아니라 나와 '같은 편'이 되어야 한다는 뜻입니다.

많은 사람들에게 이 일은 생각보다 쉽지 않습니다. 자라면서 '넌 별로 중요한 사람이 아니야'라는 소리를 계속 들었을 수도 있고, 자신을 방어하려고 했지만 좌절하거나 쓰러졌을지도 모릅니다. 마음 속 깊은 곳에서 '나는 행복해질 자격이 없다'고 생각할 수도 있습니다.

누군가에게 좋은 친구가 되어준다는 것은 어떤 일일까 생각해 보세요. 그리고 이렇게 물어보세요. 나는 나 자신에게 좋은 친구인가?

만약 그렇지 않다면 자신에게 너무 비판적이거나, 스스로 부족한 사람이라고 쉽게 생각해 버리거나, 자신이 하는 일을 너무 하찮게 여기고 있을지 모릅니다. 부당한 대우로부터 자신을 보호하는 일이나 자신에게 정말 필요한 것이 무엇인지 남에게 이야기하는 일에 너무 무심할 수도 있습니다. 자신의 고통을 너무 쉽게 체념하고 받아들이거나, 행복한 삶을 위해 마음 속으로나 실생활에서 어떤 노력을 기울이는 데 너무 소극적일 수도 있지요.

자신을 돌보지 않는다면 어떻게 남을 제대로 도울 수 있겠습니까?

자신의 행복을 바라는 것, 자신의 슬픔과 욕구, 꿈을 소중히 여기는 것이 모든 수련의 밑바탕입니다. 그런 다음에야 자신을 위해 하는 행동이 진정한 효력을 발휘할 것입니다.

How 하루에 몇 번쯤 자신에게 물어보세요. 나는 내 편인가? 나는 내 자신에게 가장 이롭도록 행동하고 있는가? (타인의 이익이 나의 이익과 일치하는 경우도 많습니다.)

- 기분이 좋지 않을 때. 예를 들어 슬프거나, 마음이 상했거나, 걱정이 있거나, 실망했거나, 남이 나에게 함부로 대했거나, 좌절감이 들거나, 스트레스를 받거나, 짜증이 날 때
- 누군가 어떤 일을 억지로 강요할 때
- 어떤 행동을 하면 나에게 이익이 된다는 것을 알면서도 하지 않고 있을 때. 예를 들어 내 의견을 당당하게 주장하거나 새 직장을 찾거나 금연 하는 것 등을 실천에 옮기지 않을 때

위와 같은 경우나 평상시에 이렇게 해보세요.

- 나를 아끼는 사람과 함께 있다는 느낌을 떠올려 보세요. 이렇게 하면 내가 중요하고 가치 있는 사람이라는 느낌을 갖는 데 도움이 되며, 이는 바로 내 편이 되는 첫걸음입니다.
- 어린아이나 애완동물, 가까운 친구 등 어떤 대상을 아끼고 위하는 존재가 된다는 것이 어떤 느낌을 주는지 떠올려 보세요. 이런 존재가 될 때 수반되는 여러 가지 느낌, 가령 충실함, 관심, 따뜻함, 단호함, 옹호 등의 느낌을 인식해 보세요. 누군가의 편에 선다는 느낌이 마음 속에 크게 자리잡도록 해보세요. 그리고 몸의 자세도 누군가를 도와주고 옹호하는 사람의 자세로 바꿔보세요. 좀더 꼿꼿한 자세로 앉거나 서고, 가슴을 더 펴고, 시선은 좀더 강렬하게 해보세요. 이렇게 하면 인간의 생각과 감정의 기저를 이루고 형성하는 뇌의 감각운동계와 체화된 인지(어떤 정보를 처리하는 것은 뇌의 작용일 뿐만 아니라 몸 전체와 관련되어 있다는 인지과학 개념-옮긴이)를 이용하여 누군가의 편이 되는 경험을 강화하게 됩니다.
- 나 자신을 위해 강하고, 기운이 넘치며, 격렬하거나 열정적이었던 순간을 떠올려 보세요. 그것은 단순히 스포츠센터에서 벤치 프레스를 마지막으로 들어올리며 젖 먹던 힘까지 짜냈던 순간일 수도 있습니다. 큰 위험으로부터 벗어났던 순간일 수도 있고, 용기를 내어 두려운 상대에게 맞섰던 순간일 수도 있습니다. 학교나 직장

에서 어려운 숙제나 업무에 끈질기게 매달려 결국 해냈던 순간이었을 수도 있습니다. 이러한 순간으로 되돌아가서 그때의 상황을 최대한 생생하게 떠올리면 여기에 관련된 신경망을 자극하게 되고 그 결과 해당 신경망이 더욱 강해집니다.

- 어린아이였을 때 자신의 모습을 떠올려 보세요. 귀엽고, 연약하고, 소중하다는 생각이 들지 않나요? 그리고 이 아이에게 느끼는 충실함, 용기, 보살펴주고 싶은 마음을 확장시켜 보세요(어릴 적 사진을 지갑에 넣고 다니면서 가끔 들여다보는 것도 좋습니다).
- 아이였던 자신에게 느끼는 충실함, 용기, 보살펴주고 싶은 마음을 현재의 나에게 그대로 적용해 보세요.
- 내가 내 편이 된다는 것이 몸에서 어떤 느낌을 일으키는지 잘 기억해 두세요. 이러한 느낌에 최대한 마음을 열어두고, 이런 느낌을 키워가도록 노력해야 합니다. 어떤 식으로든 이를 방해하려는 마음이 들면 얼른 내보내세요.
- 이렇게 물어보세요. 내 편이 되기 위해 할 수 있는 최상의 행동은 무엇인가?
- 이때 나오는 답을 최선을 다해 행동으로 옮기세요.

다음 사항을 기억하세요.

- 자신의 편에 선다는 것은 스스로를 소중히 여긴다는 뜻입니다. 우

리는 행복하기를 바라지 걱정하거나, 슬퍼하거나, 죄의식을 느끼거나, 화내고 싶지 않습니다. 그리고 남들이 나에게 잘 대해주기를 바라지 함부로 대하기를 바라지 않습니다. 그러려면 먼저 나 자신부터 소중히 여겨야 합니다. 미래의 나, 그러니까 다음 주, 내년, 10년 후의 나 자신이 최고의 삶을 살도록 지금부터 노력해야 합니다.

- 경험은 매우 중요합니다. 살면서 매순간 겪는 일이 중요할 뿐만 아니라 어떤 일을 겪을 때 드는 생각과 감정이 모두 뇌 구조에 영구적인 흔적을 남기기 때문에 경험은 매우 중요합니다.
- 사람을 존중하고, 예의 바르게 대하고, 연민과 친절한 마음으로 대하는 것은 도의적으로 당연한 일입니다. 이 '사람'에는 '나'도 포함됩니다. 내 권리, 의견, 욕구, 꿈은 세상의 다른 사람들 것보다 결코 덜 중요하지 않습니다.
- 자신에게 잘하면 나와 가까운 사람부터 세상 모든 사람에 이르기까지 다른 사람들에게 더 많은 것을 줄 수 있습니다.

2장 좋은 일 받아들이기

Why 과학자들은 인간의 뇌에 '부정적 성향'이 내장되어 있다고 말합니다. 채찍은 피하고 당근을 쫓으며 수백만 년을 진화하는 과정에서 채찍이 생존에서 더 긴급하고 중요했기 때문입니다.

이 부정적 성향은 여러 가지 모습으로 드러납니다. 예를 들어 다음과 같은 연구 결과가 있습니다.

- 똑같은 강도의 부정적 자극과 긍정적 자극이 주어질 경우 뇌는 일반적으로 부정적 자극에 더 강하게 반응한다.
- 인간을 비롯해 동물은 대개 즐거움보다는 고통을 통해서 더 빨리 배운다(한번 데면 두 번째부터는 조심한다는 뜻이지요).
- 인간은 대개 즐거운 경험보다는 고통스러운 경험을 더 잘 기억한다.
- 사람들은 보통 어떤 것을 얻기 위해서보다는 가진 것을 잃지 않기

위해서 더 노력한다.
- 일반적으로, 좋은 관계가 지속되려면 긍정적인 상호작용과 부정적인 상호작용의 비율이 5 : 1 이상이 되어야 한다.

하루가 끝날 무렵 보통 어떤 생각을 하십니까? 잘된 일 50가지인가요, 아니면 아까 낮에 내 앞으로 끼어든 차, 해야 할 일 목록에 있었는데 하지 못한 일 등 잘못된 일 한 가지인가요?

실제로 나쁜 기억은 뇌에 찍찍이처럼 들러붙지만 좋은 기억은 금방 사라집니다. 이렇게 되면 마음 깊은 곳에 자리한 느낌, 기대, 믿음, 경향, 기분 등 이른바 암묵기억(특정 사건에 대한 개인의 기억은 없으나 현재의 행동에 영향을 주는 기억-옮긴이)에 점점 더 부정적인 그림자를 드리웁니다.

이는 사실 부당합니다. 삶에서 벌어지는 대부분의 일은 긍정적이거나 적어도 중립적인 것이거든요. 부당할 뿐만 아니라, 부정적인 기억이 암묵기억에 쌓여가면 사람은 저절로 걱정이 많아지고 쉽게 짜증을 내고 우울해집니다. 또한 인내심도 없어지고 남들에게 베풀지도 못하게 됩니다.

이런 부정적 성향에 굴복하지 마십시오. 자신과 타인에게 더 많은 행복감과 이익을 가져다주는 '좋은' 쪽으로 마음을 기울이면 평형상태를 이룰 수 있습니다. 이렇게 하면 체에 물을 붓는 것처럼 긍정적인 경험이 그냥 빠져나가는 것이 아니라 머릿속 깊이 자리잡고 있는 암묵기억에 차곡차곡 쌓입니다.

그래도 삶은 여전히 고달플 것입니다. 하지만 좋은 것을 받아들이면 좀더 능숙하게 어려운 상황을 변화시키거나 견뎌낼 수 있습니다. 좋은 것을 받아들이면 어려운 상황을 균형 잡힌 시각으로 바라볼 수 있고, 에너지와 기운이 샘솟고, 유용한 능력과 자질을 잘 찾을 수 있고, 자신을 가득 채워 남들에게 더 많이 베풀 수 있기 때문이지요.

좋은 것을 받아들이는 일은 어른뿐만 아니라 아이에게도 좋습니다. 회복력과 자신감, 행복감을 키우는 데 도움을 줍니다.

How 첫째, 좋은 일을 찾아내서 좋은 경험으로 만드세요.

좋은 일이란 밀려 있던 이메일을 처리하거나 칭찬을 받는 것처럼 긍정적 사건, 자신과 세상의 긍정적 측면들을 말합니다. 좋은 일은 대부분 평범하고 사소하지만 그래도 현실에서 벌어지는 일들입니다. 세상을 무조건 아름답게만 보라는 말이 아니라 그저 있는 그대로 인식하라는 얘기입니다.

과거의 일이든 현재 일어나는 일이든 좋은 일이 있으면 그 일에 대한 좋은 '느낌'을 음미해 보세요. 삶에서는 좋은 일이 끊임없이 일어납니다. 꽃이 피고, 누군가 내게 친절을 베풀고, 목표를 달성하기도 하지요. 그런 사실을 알기는 하지만 느끼지 못하는 경우가 많습니다. 이제부터는 그것이 좋다는 사실을 느껴보세요.

첫번째 단계와 다음에 설명할 두 단계를 하루에 적어도 대여섯 번씩 실천해 보세요. 한 번 하는 데 30초밖에 걸리지 않으니까 좋은 일을 받아들일 시간은 항상 충분합니다. 일상생활을 하면서 틈틈이 하거나, 잠들기 직전 등 차분히 생각에 잠길 때(뇌가 새로운 것을 특히 잘 받아들이는 상태일 때) 하면 됩니다.

긍정적인 경험에 대해 불편한 마음을 갖지 마세요. '난 자격이 없어, 기쁨을 느끼는 것은 이기적이거나 부질없거나 부끄러운 일이야, 기분이 좋으면 경계심이 풀어져서 나쁜 일이 생길 거야.' 이런 생각은 하지 마세요.

이런 생각을 떨쳐버리고 좋은 일에 주의를 돌리세요. 좋은 일에 마음을 활짝 열고, 느긋하게 호흡하며 긴장을 풀고, 좋은 일을 생각하며 불편한 마음을 날려버리세요. 이는 식사하는 것과 같습니다. 음식을 바라보지만 말고 맛을 느껴보세요!

둘째, 좋은 경험을 흠뻑 즐기세요.

대개의 경우 좋은 경험은 가볍고 사소한 것이지만 그래도 좋습니다. 다른 잡념에 마음을 뺏기지 말고 10초, 20초, 30초 정도 계속해서 좋은 경험에 마음을 집중해 보세요.

유연하고 열린 마음으로 이 경험을 받아들이세요. 이 생각으로 온 마음과 몸을 가득 채우세요(명상의 차원에서 이는 일종의 집중 훈련입니다. 10초 또는 그 이상 이 수련을 계속하면서 수련자는 긍정적인 경험에 완전히 몰입합니다). 어떤 일이 의식 속에 더 오래 머물수록, 그리고 그 감정적 자극의 강도가 강할수록 더 많은 뉴런이 활성화되고 서로 연결되며, 그 결과 암묵기억에 더 깊은 흔적을 남깁니다.

　이 수련에서 수련자는 긍정적인 경험에 '매달리는' 것이 아닙니다. 매달리게 되면 긴장과 실망을 초래할 뿐입니다. 그 반대로 해야 합니다. 좋은 경험을 받아들임으로써 내적으로 더 풍요로운 기분이 들고, 연약하고 의존적인 존재라는 느낌은 줄어듭니다. 이렇게 되면 외부의 조건보다는 내적 충만감에 더 의존하게 되고 아무 조건 없이 행복을 느끼게 됩니다.

　셋째, 좋은 경험이 마음 속에 스며들게 하고 그 느낌을 인식하세요. 좋은 경험이 마음 속에 스며들 때의 느낌은 사람마다 다릅니다. 추운 겨울날 뜨거운 코코아를 마실 때처럼 따뜻한 기운이 가슴 속에서 퍼져 나간다고 느끼는 사람도 있고, 황금색 꿀이 소화관을 타고 내려가는 모습을 상상하는 사람도 있습니다. 어린아이 같으면 마음 속의 보물 상자에 보물이 들어가는 광경을 상상할 수도 있겠지요. 또 인간이 좋은 경험을 인식할 때는 관련된 신경망이 부지런히 활동하면서 서로 연결된다는 과학적 사실을 아는 사람도 있을 것입니다.

　좋은 것을 한 번 받아들였다고 해서 크게 달라지지는 않습니다. 그러나 시간이 가면서 작은 변화가 조금씩 쌓여 사람의 뇌를 비롯한 존재 전체에 긍정적인 경험이 구석구석 확산됩니다.

　특히, 이 책에 제시한 방법으로 수련하거나, 심리치료 또는 영신적 발전을 위한 어떤 활동을 할 때, 자신이 기울인 노력의 결실을 한껏 받아들이세요. 그 결실이 마음과 신경망에 깊은 흔적을 남기도록 하세요.

3장 자신에게 연민의 마음 갖기

Why 인생은 놀라운 경험으로 가득하지만 때로는 힘들 때도 있습니다. 가벼운 불편함부터 극심한 통증에 이르기까지 몸이나 마음이 괴로울 때가 있습니다. 넓은 의미에서 이런 상태를 고통이라고 하지요.

나에게 소중한 사람이 고통을 겪으면 자연히 연민이 생깁니다. 진심으로 걱정하면서 그 사람이 하루 빨리 고통에서 벗어나기를 바라는 마음이 들지요. 예를 들어 내 아이가 넘어져서 다쳤다면 아이가 아프지 않기를 바라고, 친구가 입원했다든가 실직했다든가 이혼 절차를 밟고 있다면 불쌍하다는 생각을 하면서 친구의 일이 잘 되기를 기원합니다. 연민은 인간의 본성입니다.

마찬가지로 사람은 자기 자신에게도 연민을 가질 수 있습니다. 이는 자기 동정과는 다릅니다. 먼저 '정말 힘들구나, 괴롭구나' 하고 현실을 인정해야 합니다. 나에게 소중한 사람이 고통, 괴로움, 어려운 일과 씨름하고 있을 때 그 사람의 고통이 줄어들거나 끝나기를 바라는 따뜻한 마음을 자기 자신에게도 보내라는 뜻입니다.

연구 결과 자신에게 연민의 마음을 가지면 다음과 같은 많은 효과가 있습니다.

- 자기 비판적 태도가 줄어듭니다.
- 코티솔 같은 스트레스 호르몬 분비가 줄어듭니다.
- 자신을 위로하거나 격려하는 등 충격으로부터 회복되는 능력이 강화됩니다.
- 어린 시절 주변 사람들의 관심 부족으로 상처받았다면 그 상처를 치유하는 데 도움이 됩니다.

이것만 해도 상당하지요?

연민의 마음을 갖는 데는 몇 초밖에 걸리지 않습니다. 이 수련을 한 다음에는 좀더 중심을 잡고 용기가 생겨 더 나은 삶을 위해 할 수 있는 다른 일로 넘어갈 수 있습니다.

How 살다 보면 허리가 아프거나, 회사에서 최악의 날을 보내거나, 잘못도 없는데 날벼락을 맞을 수도 있습니다. 아니면 그냥 이유 없이 기분이 나쁘거나 우울할 수도 있지요. 어떤 상태든 자신에게 연민의 마음을 가지면 도움이 될 것입니다. 어떻게 하면 될까요?

어떤 사람, 특히 어린 시절에 행복하게 자란 사람들은 자기 연민이 마음에서 자연스럽게 우러납니다. 그러나 많은 사람들에게 이는 쉽지 않은 일입니다. 특히나 자기 비판적이거나, 지나치게 목표 지향적이거나, 금욕적이거나, 자신을 너무 챙기는 것은 허영이라고 생각하는 사람들에게는 더욱 그렇습니다.

이제 자기 연민을 '불러일으키는' 몇 가지 단계를 소개할까 합니다. 자기 연민이 조금 더 쉬워지면 여러 단계를 섞어서 활용할 수도 있을 것입니다.

- 내가 처한 어려움, 힘든 일, 고통을 인정하고 받아들이세요.
- 나를 정말 아끼는 사람과 함께 있다는 느낌을 떠올려 보세요. 그 대상은 소중한 친구일 수도 있고 가족, 정령, 신, 심지어 애완동물일 수도 있습니다. 그 대상에게 나는 중요한 존재이고 그 대상은 내가 즐겁고 행복하기를 바란다는 느낌을 떠올려 보세요.
- 지금 겪는 어려움을 생각해 보고, 나를 아끼는 존재가 나에게 연민을 느끼고 또 이를 표현하는 모습을 상상해 보세요. 이 존재의 표정, 몸짓, 자세, 태도 같은 것을 떠올려 보세요. 그의 따뜻함, 걱정, 선의로 가득 찬 연민을 그대로 받아들이세요. 더 이해받고 보살핌을 받는 느낌, 더욱 평화롭고 편안한 느낌을 향해 마음을 활짝 여세요. 보살핌을 '받는' 경험을 하면 다른 사람에게 보살핌을 '주는' 뇌의 회로가 활성화됩니다.

- 어린아이나 가족 구성원 등 자연스럽게 연민의 마음이 생기는 대상을 떠올려 보세요. 지금 내가 겪는 어려운 문제를 놓고 그 사람이 씨름하는 모습을 보면 어떤 기분일지 상상해 보세요. 연민의 감정으로 몸과 마음을 가득 채우세요. 이 연민의 감정이 나로부터, 내 가슴에서부터 한 줄기 빛처럼 그 사람을 향해 비추는 모습을 떠올려 보세요. 연민의 마음을 갖는 것이 어떤 느낌인지 가만히 느껴보세요.

- 자, 이제 바로 그 연민의 느낌을 나 자신에게로 향해 보세요. 이때 마음 속으로 이렇게 속삭이는 것도 좋습니다. '이 고통이 사라지기를, 상황이 나아지기를, 시간이 가면 속상한 기분이 좀 나아지기를…….' 나 자신에게 따뜻한 마음을 보내고, 어려움과 고통이 존재함을 인정하고, 상황이 호전되기를 기원하세요. 자신을 향한 연민이 마음 깊이 스며들고, 내 일부가 되고, 나를 달래주고, 나를 더 강하게 만들어주는 것을 느껴보세요.

4장 긴장 풀기

Why 현대인은 쉽게 스트레스를 느낍니다. 돈 문제, 직장, 가족의 건강, 인간관계 등 이런저런 일로 걱정하거나 좌절하거나 짜증이 치밀어 오르기도 하지요.

스트레스를 받거나 기분이 나빠지면 인체는 싸우거나 도망치거나 그 자리에서 얼어붙는 등 '긴장반응'을 일으킵니다. 자연이 인간을 이렇게 설계해 놓았고, 이런 긴장반응에 따른 단기적 이익 덕분에 인류의 조상은 살아남아 후대에 유전자를 전할 수 있었습니다.

그러나 70살, 80살 이상까지 사는, 단순한 생존이 아니라 삶의 질이 더 중요해진 오늘날, 현대인은 일상적으로 느끼는 긴장 때문에 값비싼 장기적 대가를 치릅니다. 긴장은 심장질환, 소화불량, 요통, 두통, 호르몬 불균형 등의 건강 문제를 일으키고 불안, 짜증, 우울증 같은 심리적 문제도 유발합니다.

긴장을 줄이는 가장 좋은 방법은 심신을 이완하는 것입니다. 이렇게 하면 심신의 건강에 이로울 뿐만 아니라 기분도 좋아집니다. 따뜻한 욕조에 몸을 담갔을 때, 몸을 동그랗게 말고 침대에 누웠을 때, 설거지를 끝내고 소파에 털썩 주저앉을 때 어떤 느낌이었는지를 떠올려 보세요.

꽉 막힌 도로에 갇혔거나, 끝없이 쏟아지는 이메일을 확인하거나, 껄끄러운 대화를 나누는 상황에서도 자신의 의지대로 몸의 긴장을 해소하는 것은 대단히 중요한 정신적 능력입니다.

How '싸우거나 도망치기'에 관여하는 교감 신경계를 진정시키고 '휴식과 소화'를 관장하는 부교감 신경계를 활성화시키는 좋은 방법이 몇 가지 있습니다.

- 소화에 관여하는 부교감 신경 섬유는 입안 전체에 뻗어 있으므로 혀와 턱을 이완시키세요. 입술을 만져도 좋습니다(잠이 안 올 때 나는 가끔 손가락 관절 부분을 입술에 갖다 대는데 이렇게 하면 마음을 편안하게 진정시켜 주는 효과가 있습니다).
- 입을 살짝 벌리세요. 이렇게 하면 마음 속으로 말할 때 턱과 혀의 미세하고도 무의식적인 움직임이 줄어들어 괴로운 생각을 완화하는 데 도움이 됩니다.
- 부교감 신경계가 숨을 내쉬는 일을 관장하므로 몇 번 길게 숨을 내쉬어 보세요. 예를 들어 셋까지 세면서 들이쉬고 여섯까지 세면

서 내쉽니다.

- 적어도 1분간 들숨과 날숨이 똑같이 길어지도록 호흡을 해보세요. 각각 다섯까지 세면서 들이쉬고 내쉬어 보세요. 심장은 숨을 들이쉴 때 박동이 약간 빨라지고 내쉴 때 약간 느려지기 때문에 이런 식으로 호흡을 하면 심장이 한 번 뛰고 그 다음 뛸 때까지의 시간 간격에 작지만 매끄러운 변화가 생깁니다. 이 변화는 긴장 해소 및 행복과 관련이 있습니다.

- 폐 아래쪽에 붙어 있어서 공기를 빨아들일 때 작동하는 횡격막을 이완시키세요. 배에서 갈비뼈가 끝나는 지점 바로 아래쪽에 손을 대고, 숨을 들이쉴 때마다 배 앞쪽으로 손이 1센티미터쯤 나오게 하는 방식으로 숨을 쉬어보세요. 이 호흡법은 불안하고 초조할 때 특히 도움이 됩니다.

- 스트레스를 받을 때, 걱정이 있거나 낙심했을 때 위의 방법을 써보세요. 정말 효과가 있습니다! 좀더 편안한 분위기에서도 해보세요. 이를테면 침대에 들기 직전 등 하루에 몇 분 정도 시간을 내어 긴장 해소를 위한 수련법을 실천해 보세요. 그러면 심신이 더욱 평화로워지고 문제가 생겼을 때도 좀더 유연하게 대처할 수 있습니다. 연구 결과에 따르면 긴장 해소를 위한 노력을 실천할 경우, 스트레스 반응을 진정시키는 유전자의 발현이 실제로 증가한다고 합니다.

5장 자신의 좋은 점 보기

Why 사람에게는 누구나 장점이 있습니다. 하지만 내 장점보다는 남의 장점이 더 잘 눈에 띄게 마련입니다. 예를 들어 친구를 한번 생각해 봅시다. 친구의 장점은 무엇입니까? 유머 감각, 공정함, 정직함, 총명함, 인내심, 열정, 남을 도우려는 마음, 호기심, 결단력, 재능, 투지, 심성 등 여러 가지가 있겠지요.

친구에게서 이런 긍정적인 특성을 발견하면 안심이 되고, 마음이 편안하며, 희망적인 기분이 듭니다. 누군가에게서 좋은 점을 발견하는 것은 기분 좋은 일입니다.

그 누군가에 '나'도 들어갑니다!

사람은 누구나 모자이크 같은 존재입니다. 일부는 좀 밋밋하지만 대부분은 예쁜 타일로 되어 있습니다. 손을 보아야 할 것도 몇 개 있기는 하지요. 중요한 것은 모자이크 전체를 보는 것입니다. 그러나 뇌의 부정적 성향 때문에 인간은 자신의 좋은 점보다는 잘못된 점에 더 집중하는 경향이 있습니다. 하루에 20가지 일을 했고 그 중 19가지가 잘 되고 한 가지가 잘못 되었다면 여러분의 마음 속에 남아 있는 한 가지는 어느 것일까요? 아마 잘못된 일 한 가지일 것입니다.

뇌는 주로 인간이 주의를 기울이는 부분에 기초해서 새로운 구조를 형성해 나갑니다. 함께 활성화되는 신경세포는 서로 연결되어 있습니다. '나'라는 모자이크에서 '나쁜' 타일에 초점을 맞추면 내가 평범하고 결함이 있으며 남보다 못하다는 무의식적 사고가 강화됩니다. 이렇게 되면 좋은 타일을 인식할 때 생기는 자신감과 자부심이 형성될 여지가 없습니다. 뇌의 부정적 성향으로 인해 이런 영향을 받는다는 것은 부당합니다. 하지만 그 영향력은 실로 막강하고, 많은 사람들에게 무력감과 자기 회의를 유발하는 큰 원인으로 작용합니다. 나 역시 이 문제와 씨름했던 적이 있습니다.

자신의 장점을 안다는 것은 그저 자신을 있는 그대로 바라보는 일일 뿐입니다. 이렇게 자신의 장점을 인식하면 사람은 내적으로 더 편안해지고, 거절당할까봐 두려워하지 않고 다른 사람에게 손을 뻗을 수도 있으며, 성공하리라는 자신감을 갖고 꿈을 좇을 수도 있습니다.

How 자신의 장점 한 가지를 골라보세요. 그 장점은 특별히 친절하거나, 개방적이거나, 양심적이거나, 상상력이 풍부하거나, 따뜻하거나, 통찰력이 뛰어난 점일 수도 있고, 언제나 한결같은 태도일 수도 있습니다. 이런 긍정적인 특징에 마음을 집중하세요. 이때 수반되는 몸의 느낌, 감정, 태도나 관점이 무엇인지 잘 살펴보세요.

잠깐 시간을 내어 내가 정말 이처럼 좋은 특성을 갖고 있다는 확신을 마음에 새기세요. 스스로 확신을 가지세요. 하루나 일주일에 걸쳐 이런 장점이 언제 드러나는지를 살펴보고, 드러나면 그 느낌에 집중하세요.

이런 장점을 갖고 있다는 사실을 받아들이는 데 방해 요소는 없는지 살펴보세요. 예를 들어 '내가 항상 그렇지는 않아'라든가 '난 단점도 있어' 등의 생각 말입니다. 스스로의 편에 서세요. 자신의 장점을 그대로 바라보세요. 매순간 그 장점을 발휘하면서 살지 않아도 좋습니다. 모자이크란 원래 그런 것이고, 그런 것이 인간이니까요.

자신이 가진 다른 장점이나 미덕에 대해서도 위의 과정을 적용해 보세요.

'다른 사람들'이 나의 장점이라고 말해주는 것에 대해서도 마음을 열고 받아들여야 합니다. 가까운 친구부터 시작합시다. 친구의 눈으로 나 자신을 한번 바라보세요. 내가 가진 자질 중에 친구가 좋아하거나 감탄하거나 즐기거나 존경하거나 우러러보는 것은 무엇입니까? 친구가 다른 사람에게 나의 장점을 이야기한다면 어떤 점을 이야기할까요?

친구 외에도 살면서 알게 된 지인들에 대해서도 같은 과정을 반복해 보세요. 과거에 알았던 사람들도 좋습니다. 방금 떠올린 친구 말고 다른 친구나, 가족 구성원, 파트너, 선생님, 코치, 직장 동료도 좋습니다. 그리고 나서 다른 사람들이 알고 있는 나의 장점을 내 것으로 받아들이세요. 얼굴과 몸과 마음의 긴장을 풀고, 나라는 사람에 대한 온전한 진실, 내 모자이크의 진실을 그대로 받아들이세요.

　장점을 스스로 찾아내든 다른 사람의 시각에서 생각하고 발견하든, 이렇게 해서 알아낸 좋은 점들을 자존감, 자신감, 행복, 마음의 평화 등으로 발전시키면 됩니다.

　마음 속 깊은 곳에서 단호하고도 정직하게 나의 장점을 알려주는 고요한 목소리를 느껴보세요. 그리고 귀 기울여 들으세요. 목소리가 말하는 것을 마음에 새기세요. 마음의 소리가 이야기하는 바를 받아적어 가끔 읽어봐도 좋습니다. 다른 사람에게 보여줄 필요는 없습니다.

　인생을 살아가면서 품위, 인내심, 따뜻함 등 자신의 장점이 드러났던 사례를 찾아보세요. 이런 장점을 확인하고 스스로에 대한 좋은 느낌을 마음 깊이 받아들이세요.

　자신에 대해 좋은 느낌을 갖는 상태가 마음과 일상을 조금씩 채우도록 해보세요.

6장 느리게 살기

Why 사람들은 너무 바쁘게 뛰어다닙니다. 한동안 만나지 못한 친구를 길거리에서 마주치면 이렇게 묻습니다. "어떻게 지내?" 20년 전 같으면 대개 "잘 지내"라는 대답이 돌아왔습니다. 그러나 요즘 주로 듣는 대답은 "바빠!"입니다.

부모들은 아이들을 이곳저곳으로 데려다주어야 하고, 이메일과 전화와 끝없는 업무에 치여 살며, 점점 빨라지는 세상에서 뒤쳐지지 않으려고 모두들 안간힘을 씁니다.

생활이 바쁜 이유야 사람마다 다르겠지만, 마치 주문이 쏟아지는 점심시간의 요리사가 된 듯한 심정으로 살기 쉽습니다.

급한 상황을 처리하는 경우든, 4학년짜리 딸이 농구 경기에서 드디어 한 골 넣는 장면을 보며 미친 듯이 응원을 하는 순간이든(나의 경우) 가끔씩 전력질주를 해야 할 순간이 있습니다.

그러나 이렇게 끝없이 서두르다 보면 다음과 같은 나쁜 결과를 초래합니다.

- 사자의 공격 등으로부터 인간을 보호하기 위해 진화된 뇌의 스트레스 반응 시스템 전체가 작동하여 아드레날린이나 코티솔 등 긴장을 유발하는 호르몬이 분비되며, 면역계를 약화시키고, 기분을 처지게 합니다.
- 뇌의 경보 시스템이 작동되어 위험요소를 살피게 하며 종종 과도한 반응을 유발합니다. 평소보다 서두르다 보면 걱정거리와 짜증낼 일이 더 빨리 나타난다는 생각이 들지 않던가요?
- 제대로 생각할 시간과 올바른 판단을 내릴 시간이 부족해집니다.

'빨리빨리'가 이미 일상이 되었다 하더라도 변화는 언제든 일으킬 수 있습니다. 작은 일부터 시작해 조금씩 키워나가면 됩니다. 사실 '속도 줄이기'는 별 것 아닌 것처럼 보이지만 우리 삶에 진정한 변화를 일으킬 수 있는 행동입니다.

How 느리게 사는 방법이 몇 가지 있습니다. 그저 몇 가지만 해보세요. 느리게 살려고 서두르지 마세요!

- 몇 가지 일을 평소보다 천천히 해보세요. 컵을 천천히 입에 가져

가 보고, 식사할 때 서둘러 먹지 않으며, 다른 사람의 말이 끝나기를 기다렸다가 내 이야기를 시작하고, 회의 장소에 달려가지 말고 느긋하게 걸어가 보세요. 한 가지 일을 완전히 끝내고 그 다음 일을 시작하세요. 그리고 하루에 몇 번, '천천히' 길게 숨을 쉬어보세요.

- 액셀러레이터를 살살 밟으세요. 하루는 내가 고속도로에서 마구 속도를 냈더니 아내가 이렇게 중얼거리더군요. "뭐가 그렇게 급해?" 아내의 말을 듣고 나는, 조금 천천히 가면 몇 분 늦게 도착할지언정 가는 과정이 훨씬 느긋해진다는 사실을 '새삼' 깨달았습니다.
- 전화벨이 울리면 전화벨 소리가 심호흡을 하고 느리게 행동하라는 사실을 일깨워주는 교회나 절의 종소리라고 생각해 보세요(이 말은 틱낫한 스님이 하신 말씀입니다).
- 내가 처리하는 속도보다 일을 더 빨리 해달라는 사람들의 독촉에 굴복하지 마세요. 그 사람들이 계획을 잘못 세운 것은 내 문제가 아닙니다.
- 지금 이 순간의 좋은 점을 발견하면 다음 일로 넘어가려고 급하게 서두를 필요가 줄어듭니다. 가령 전화를 했는데 계속 대기신호가 울리고 있다면 주위를 둘러보고 아름답거나 흥미로운 것을 찾아보거나 평온한 마음으로 호흡에 집중해 보세요.

지금 하는 일은 잘 마무리하고, 새로운 일을 시작하는 것은 신중하게 결정하세요. 더 많은 일을 하고 더 많은 것을 얻으려고 마음 속에서 조바심이 나면 이를 알아차리고 저지해야 합니다. 삶의 질을 놓고 손익 계산을 해봅시다. 헐레벌떡 돌아다니면 더 행복한가요? 아니면 더 스트레스를 받고 지치나요?

항상 '느림'이 주는 느긋함과 행복감에 젖어서 생활하세요. 사람들이 나에게 더 자신감 있어 보이고 편안해 보이며 품위 있고 행복해 보인다고 말해도 놀라지 마세요.

인생은 나의 것이지 남의 것이 아닙니다. 속도를 줄이고 인생을 즐기세요!

7장 스스로를 용서하기

Why 사람은 누구나 실수를 합니다. 나도, 독자 여러분도, 이웃도, 누구나 말이지요. 실수를 인정하고 적절히 뉘우치고 실수에서 교훈을 얻어 같은 실수를 반복하지 않는 일은 중요합니다. 그러나 대개의 경우 사람들은 필요 이상으로 자책하고 죄책감을 느낍니다. 부당할 만큼 자신을 비판하지요.

사람의 마음 속에는 많은 부자아(副自我)가 있습니다. 예를 들어 내 마음의 한 부문은 일찍 일어나 운동을 하려고 6시에 자명종을 맞춰놓습니다. 그러다가 자명종이 울리기 시작하면 마음 속의 다른 부분이 '누가 이 망할 자명종을 틀어놨어?'라며 불평합니다. 넓게 보면 사람마다 마음 속에는 비판자와 보호자가 공존합니다. 대부분의 사람에게 이 내면의 비판자는 끊임없이 불평거리를 찾으며 계속 투덜거립니다. 작은 실수도 크게 부풀리고, 옛날에 끝난 일을 자꾸 끄집어내어 비난하고, 큰 그림 따위는 무시하고, 실수를 만회하려고 노력한 것도 인정해

주지 않습니다.

  이럴 때 내면의 보호자가 나서야 합니다. 자신의 약점과 실수를 균형 잡힌 시각으로 보고, 실수 외에 자신의 여러 장점을 부각시키고, 이미 험준한 길로 들어섰더라도 다시 평탄한 길로 돌아가도록 용기를 북돋 워주고, 내면의 비판자에게 '이제 그만 조용히 해'라고 솔직하게 말할 수 있는 보호자가 있어야 한다는 뜻입니다.

How 사소한 부분인데 심하게 자책하는 것은 무엇인가요? 그것을 찾아내 다음 방법을 적용해 보세요. 그리고 나서 좀더 중요한 문제로 넘어가면 됩니다.

- 현재나 과거의 내 인생에서 나를 아껴주는 사람이 나를 따뜻하게 보살펴주었던 느낌을 떠올려 보세요. 그리고 그 사람이 나를 아끼는 마음이 내 마음 속으로 들어와 내면의 보호자 역할을 한다고 상상해 보세요. 이렇게 마음 속에서 나를 아껴주는 존재의 수를 늘리고, 이 내면의 보호자들을 인식하세요.
- 보살핌을 받는다는 느낌을 유지하면서 자신의 많은 장점을 떠올려 보세요. 내면의 보호자에게 내 장점이 무엇인지 물어보아도 좋습니다. 보호자가 하는 말은 아첨이 아니라 진실입니다. 인내심, 강한 의지, 공정함, 친절함 등 좋은 특성의 소유자가 되기 위해서

굳이 후광이 비치는 신적인 존재가 될 필요는 없습니다.
- 앞의 두 가지 단계는 용서가 필요한 모든 상황에서 도움을 줄 것이고 결국 스스로를 용서하는 데 도움이 될 것입니다.
- 아이에게 소리를 질렀거나, 직장에서 거짓말을 했거나, 파티에서 너무 심하게 놀았거나, 친구를 실망시켰거나, 배우자를 속였거나, 망한 사람을 보고 혼자 좋아했거나, 어떤 잘못을 했든 그 사실을 인정하세요. 잘못한 사실, 당시 마음에 떠오른 생각, 당시의 상황과 과거사, 그리고 그 일이 자신과 타인에게 미친 영향 등을 그대로 인정하세요.
- 인정하기 힘든 사실이 있는지 찾아보세요. 아이에게 소리를 질렀을 때 아이의 눈에 떠오른 표정 같은 것 말입니다. 그리고 마주하기 힘든 사실에 특별히 마음을 열고 받아들이세요. 이러한 것들이 내 마음을 옭아매는 것들이니까요. 항상 진실이 우리를 자유롭게 합니다.
- 나에게 일어난 모든 일을 도덕적 잘못, 서투른 행동 기타 등 세 가지로 분류해 보세요. 도덕적 잘못을 저질렀으면 마땅히 그 잘못에 상응하는 죄의식과 부끄러움을 느끼고 뉘우쳐야 합니다. 하지만 서투른 행동은 고치기만 하면 됩니다(이 점은 매우 중요합니다).
- 내 잘못으로 피해를 입은 사람들을 포함해서 다른 사람들에게 이런 식의 분류 방법과 아래 내용을 어떻게 생각하느냐고 물어볼 수도 있겠지만, 판단은 오직 내 몫입니다. 예를 들어 어떤 사람의 험

담을 하면서 그 사람이 저지른 실수를 과장했다면 과장하면서 거짓말한 점은 뉘우쳐야 할 도덕적 잘못이라고 판단할 수 있습니다. 그러나 가벼운 뒷담화(살다 보면 누구나 가끔씩 하는 행동이지요) 자체는 단순히 서투른 행동이었으므로 자책할 필요 없이 앞으로 그러지 않으면 됩니다.

- 내가 저지른 도덕적 잘못이나 서투른 행동에 대해 마음 속으로 정직하게, 아니면 소리를 내어 다음과 같이 말하거나 글로 써보세요. '나는 ____, ____, ____을 했다.' 그리고 이를 마음 속에서 느껴보세요.

- 그런 다음 이렇게 말하세요. '하지만 ____, ____, ____는 내 책임이 아니다.' 예를 들어 '다른 사람이 내 말을 오해하거나 과잉반응을 보인 것은 내 책임이 아니다'라고 할 수 있는 것입니다. 내 책임이 아니라는 안도감을 인식하세요.

- 이런 경험으로부터 교훈을 얻어 잘못된 것을 바로잡거나 고치기 위해 이미 한 일이 있다면 그 부분을 인정해 주세요. 그 느낌을 마음 깊이 새기세요. 스스로를 칭찬해 주세요.

- 이제 자기 내면이나 실생활에서 아직 할 일이 남아 있는지 생각해 보고, 할 일이 있다면 그 일을 실천하세요. 그 일을 하고 있다는 사실을 인식하고, 그런 자신에 대해 잘했다고 칭찬해 주세요.

- 이제 내면의 보호자에게 물어보세요. 인정하거나 실천해야 할 일이 더 남아 있는가? 차분하고 고요한 양심의 목소리에 귀 기울여

보세요. 이 목소리는 비판자의 신랄한 경멸의 목소리와는 전혀 다릅니다. 아직 할 일이 있다면 그 일을 하세요. 그렇지 않다면 배워야 할 것을 배웠고 할 일을 했다는 확신을 가지면 됩니다.

- 이제 적극적으로 자신을 용서하세요. 마음 속으로 말하거나, 소리를 내거나, 종이에 이렇게 써보세요. 다른 사람에게 이 말을 할 수도 있습니다. '나는 ＿＿＿와 ＿＿＿, ＿＿＿에 대해 나 자신을 용서한다. 나는 잘못에 대해 책임을 졌고, 상황을 바로잡기 위해 할 수 있는 일을 했다.' 내면의 보호자나, 내가 피해를 입힌 사람 등 다른 사람에게 용서를 구할 수도 있습니다.

- 진정으로 자신을 용서하려면 위에서 설명한 단계를 몇 번이고 반복해야 할 경우도 있는데, 그래도 괜찮습니다. 용서받는 느낌(이 경우에는 자신으로부터 용서받는 느낌)이 마음 깊이 스며들도록 하세요. 용서받는 느낌에 몸과 마음을 활짝 열고, 내가 자책을 멈추면 다른 사람에게 어떤 도움이 될지 생각하며 그 느낌이 심신을 채우도록 하세요.

마음의 평화를 얻으세요.

8장 충분한 수면

Why 우리는 잠을 더 충분히 자야 합니다.

요즘 시대에 아주 보기 드물게 충분히 자는 사람이 아니라면 잠을 더 많이 자야 합니다(솔직히 말하자면 나도 충분히 자지 않습니다).

잠이 부족하면 교통사고, 당뇨, 심장병, 우울증, 체중 증가의 위험이 높아집니다. 주의력, 학습 능력, 의욕도 떨어지지요. 게다가 정신이 흐릿하고 어질어질한데다가 피곤하고 짜증까지 납니다.

사람들의 부족한 수면에는 여러 이유가 있습니다. 너무 늦게 자고 아침에 너무 일찍 일어나는 경우도 많고, 아침에는 정신을 차리려고 커피를 많이 마시고 저녁에는 스트레스를 풀려고 술을 너무 많이 마시기도 합니다. 수면 장애는 우울증이나 수면무호흡증 같은 질병의 증상일 수도 있으므로 불면증이 있거나, 충분히 잔 것 같은데도 여전히 피곤하다면 의사와 상의하세요.

적절한 수면 시간은 사람마다, 상황에 따라 다릅니다. 스트레스를 받거나, 아프거나, 일을 많이 한다면 더 자야 합니다. 필요한 수면 시간이 얼마이든 중요한 것은 규칙적인 수면입니다. 주말이나 휴일에 몰아서 자려 하지 말고 매일 밤 충분한 휴식을 취해야 한다는 말입니다.

부모님에게서 독립한 뒤 나는 자주 부모님을 찾아갔습니다. 두 분은 내가 피곤해 보인다며 더 자야 한다는 말씀을 자주 하셨습니다. 그 말이 매번 듣기 싫었지만 사실 두 분이 옳았습니다. 주위에도 잠을 충분히 자는 사람은 드물더군요.

How 숙면을 방해하는 요인에는 두 가지가 있습니다. 우선 수면 시간 자체가 부족한 것이고 다른 하나는 잠들어 있는 동안 깊이, 지속적으로 잠을 자지 못하는 것입니다.

수면 시간 문제는 이렇게 해결해 보세요.

- 매일 밤 몇 시간을 자야 할지 결정하세요. 그리고 다음날 몇 시에 일어나야 하는가를 생각해 보면 몇 시에 잠자리에 들어야 하는지를 알 수 있습니다. 취침 한 시간 전에 무엇을 해야 하는지도 생각해 보세요. 설마 다른 사람과 말다툼을 하려는 건 아니겠지요?
- 취침 시간이 지나도록 깨어 있어야 할 이유에 대해 생각해 보세요. 다 그런 건 아니겠지만 대개는 기본적인 선택의 문제입니다. 어느 쪽이 더 중요한가요? 건강과 행복인가요, 아니면 한 시간 더

텔레비전 보기, 집안일 하기, 아니면 _____인가요? (밑줄 부분은 여러분이 채워넣으세요.)

- 충분히 자고 난 후에 가뿐한 몸과 맑은 정신상태를 즐겨보세요. 이 좋은 느낌을 마음에 새겨두면 나중에 뇌가 그런 상태를 더 원하게 됩니다.

두 번째 문제, 그러니까 수면 자체에 대해 몇 가지 제안을 할까 합니다. 이 중 여러분에게 효과가 있는 것들을 선택하세요.

- 미국 국립수면재단 등의 기관에서 내놓은 다음과 같은 조언을 고려해 보세요. 정해진 시간에 잠자리에 들 것. 잠자기 한두 시간쯤 전부터 긴장을 풀 것. 잠자리에 들기 두세 시간 전부터는 음식물 섭취(특히 초콜릿), 커피나 술, 운동, 흡연을 하지 말 것. 침실 환경을 잠자기에 적합하게 만들 것(서늘하고 조용한 실내, 좋은 매트리스, 옆에서 잠자는 사람이 코를 훌쩍이거나 코를 골 경우 귀마개를 하는 것 등).
- 스트레스 수준을 낮추기 위해 각자 할 수 있는 일을 하세요. 스트레스가 만성화되면 코티솔 같은 호르몬 수치가 올라가서 잠들기가 어려울 뿐만 아니라 아침에 일찍 깨게 됩니다.
- 다음날 해야 할 일이나 걱정거리가 있다면 아침에 일어난 다음에 생각하세요. 잠자리에 들면 행복하고 느긋한 느낌을 주는 일을 생각하거나 호흡할 때의 느낌에 집중하세요. 나를 아끼는 사람과 함

께 있다는 따뜻한 느낌을 떠올리세요. 자신에게 연민의 마음을 가지세요.

- 긴장을 푸세요. 다섯 번에서 열 번 정도 '길게' 숨을 내쉬세요. 손이 따뜻해진다고 상상하세요(손을 베개 밑에 넣어보세요). 손가락이나 손가락 마디를 입술에 대보세요. 혀와 턱을 이완시키세요. 아주 평화로운 환경에 있는 내 모습을 상상해 보세요. 발부터 시작해서 머리까지 위로 올라오면서 내 몸의 각 부분을 차례차례 이완시키세요.

- 수면에 도움이 되는 중요한 영양소들이 있습니다. 매일매일 식사를 통해 이런 영양소를 충분히 흡수한다는 확신이 없으면 마그네슘(하루 500밀리그램)과 칼슘(하루 1,200밀리그램)을 섭취해 보세요. 가능하면 절반은 아침에 먹고 나머지는 자기 전에 먹는 것이 좋습니다.

- 신경전달물질인 세로토닌은 수면에 도움이 됩니다. 세로토닌은 트립토판이라는 아미노산으로 만들어지므로 잠자기 직전에 트립토판을 500에서 1,000밀리그램쯤 먹는 것을 고려해 보세요. 한밤중에 깨서 다시 잠들기 어렵다면 멜라토닌 1밀리그램을 혀 밑에 넣어 섭취하는 것도 방법입니다. 빠르고 쉽게 흡수될 수 있는 음식이나 바나나를 먹는 것도 좋습니다. 혈당치가 올라가면 인슐린 수치가 높아지고, 따라서 더 많은 트립토판이 뇌로 가기 때문입니다. 트립토판과 멜라토닌은 건강식품 매장에서 구입할 수 있습니다. 그러나 모유 수유 중이거나 정신질환 치료제를 복용 중

이라면 이런 것들을 피해야 합니다(의사가 괜찮다고 할 경우는 제외하고요).

편히 주무세요!

9장 내 몸 잘 대접하기

Why 내 몸이 마음과 따로 떨어져 있다고 상상하면서 다음과 같은 질문을 던져보세요.

- 지난 몇 년간 내 몸은 나를 어떻게 돌보았는가? 생명을 유지시켜 주었고, 기쁨을 주었으며, 나를 여기저기로 데려다준 것 등 여러 가지가 있겠지요.
- 그에 대한 보답으로 나는 내 몸을 얼마나 잘 보살펴 주었는가? 편하게 해주고, 잘 먹이고, 운동도 시켜주고, 의사에게 데려갔는가? 반대로, 몸을 혹사하거나, 인스턴트 음식을 많이 먹이거나, 과도한 음주와 흡연을 시키지는 않았는가?
- 내 몸에서 싫어하는 점은 무엇인가? 내 몸의 생김새 때문에 실망스럽거나 창피한가? 내 몸 때문에 기분이 처지거나, 다른 모습이었으면 좋겠다고 생각하는가?

- 내 몸이 나에게 말을 할 수 있다면 뭐라고 할까?
- 내 몸이 친한 친구라면 나는 내 몸을 어떻게 대할까? 지금의 내 몸을 대하는 자세와 달라질까?

사실 나도 스스로에게 이런 질문을 던져보면 당혹스러울 수밖에 없습니다. 사람들은 흔히 자신의 몸을 사정없이 밀어붙이고, 절박해지기 전까지는 몸의 요구에 귀 기울이지 않으며, 몸이 경고신호를 보내도 무시해 버립니다. 그리고는 고된 하루를 보낸 끝에 침대에 몸을 털썩 내던집니다. 농장에서 자란 저의 아버지가 가끔 하시던 말씀 그대로 '말을 실컷 부려먹고 그냥 내동댕이치는' 형국입니다.

사람들은 가끔 자신의 몸에 대고 화를 내기도 하며 심지어 야비하게 굴기도 합니다. 체중이 너무 많이 나가는 것이나 늙어가는 것이 마치 몸의 잘못이기라도 하듯 말이지요.

이렇게 행동한다면 결국 큰 대가를 치를 수밖에 없습니다. 몸과 나는 별개의 존재가 아니고 하나이기 때문입니다. 몸이 필요로 하는 것, 몸이 느끼는 기쁨과 고통은 모두 내가 필요로 하고 내가 느끼는 것입니다. 그리고 언젠가 내 몸이 운명을 다하는 날 나도 함께 떠나겠지요.

반면 좋은 친구를 대하듯 몸을 잘 대접하면 기분도 좋아지고, 활력이 생기며, 회복력도 커지고, 아마 건강히 장수하게 될 것입니다.

How 좋은 친구를 잘 대접했을 때를 기억해 보세요. 그때 친구를 대하는 여러분의 태도는 어떠했습니까? 친구에게 어떤 일을 해주었나요? 친구에게 잘해주니까 어떤 기분이 들던가요?

오늘 하루 내 몸을 또 하나의 좋은 친구로 생각하고 잘 대접한다고 상상해 보세요. 아침에 눈을 뜬 순간부터 내 친구, 즉 내 몸을 사랑해주겠다고 다짐하며 침대에서 몸을 일으켜 보세요. 부드럽고 조심스럽게 몸을 움직이며, 항상 몸과 소통하며, 서두르지 않습니다. 어떤 느낌이 드나요?

아침에 일어나 내 몸을 소중히 하는 스스로의 모습을 상상해 보세요. 물을 마시게 해주거나, 기분 좋은 샤워를 시켜주거나, 건강에 좋고 맛있는 음식을 주는 것입니다. 운전, 아이 돌보기, 운동, 직장에서 다른 사람과 업무 보기, 설거지, 섹스, 양치하기 등 다른 일을 하면서도 사랑하는 마음으로 내 몸을 대하는 모습을 상상하세요.

이렇게 하면 어떤 느낌이 들까요?

아마 스트레스가 줄고, 좀더 느긋하고 차분해질 것이며, 기쁨과 편안함도 커지고, 내가 삶의 주인이라는 인식도 강해질 것입니다. 게다가 은연중에 나 자신에게 잘하고 있다는 느낌도 들겠지요. 왜냐하면 깊은 의미에서 내가 몸을 소유하는 게 아니라 내가 곧 몸이니까요. 몸에게 잘하는 것은 나 자신에게 잘하는 것과 같습니다.

내 몸이 말을 할 수 있다면 하루 종일 내가 사랑으로 자신을 대한 일에 대해 무엇이라고 말할까요?

그러면 이제는 상상만 하지 말고 실제로 내 몸에게 하루 동안, 아니 단 몇 분만이라도 잘해 보세요. 어떻습니까? 어떤 식으로 좋은 느낌이 드나요? 내 몸에게 잘하려는 행동을 망설이게 만드는 요인이 있는지 살펴보세요. 이런 일은 방종한 행동이라거나 죄라는 생각이 들 수도 있습니다. 망설이게 하는 요인을 잘 살펴보고 그 실체가 무엇인지 파악하세요. 그리고 그 이유가 합당한지 판단해 보세요. 합당하지 않다면 내 몸을 잘 대접하세요.

몸에게 말을 할 수 있다면 무엇이라고 하겠습니까? 편지를 쓰는 것도 좋겠지요. 과거에는 너에 대해 어떻게 느꼈다, 앞으로는 이렇게 저렇게 더 잘하겠다는 식으로 말이지요.

내 몸에게 어떻게 더 잘 할 것인지 짤막한 목록을 만들어 보세요. 담배 끊기, 일찍 퇴근하기, 단순히 몸을 즐겁게 하기 위해 더 많은 시간 내기 등이 들어갈 수 있습니다. 그리고 내 몸을 더 잘 대접하겠다고 다짐하세요.

친절은 집에서 시작됩니다.

내 몸은 내 집입니다.

10장 뇌에 영양 공급하기

Why 뇌에는 약 1,000억 개의 뉴런이 있고 1조 개의 뇌구 세포가 뉴런의 활동을 돕습니다. 대부분의 뉴런은 사람이 잠들어 있을 때에도 1초에 5회에서 50회 정도 신호를 발사합니다. 이 때문에, 뇌의 무게는 1.5킬로그램으로 체중의 2~3퍼센트 정도에 불과하지만 혈중 포도당의 25퍼센트 정도를 소비합니다. 뇌가 항상 배고픈 것은 당연하지요!

뇌는 포도당 말고 다른 영양소도 필요로 합니다. 가령, 뇌 건조 중량의 60퍼센트는 지방산 성분으로 되어 있습니다. 신경전달물질은 하나의 뉴런으로부터 다른 뉴런으로 정보를 전달합니다. 인체는 여러 생화학 물질의 도움을 받아 작은 분자를 이용해서 이 복잡한 분자를 합성해 냅니다. 예를 들어 기분, 소화, 수면에 관여하는 세로토닌은 철과 비타민 B_6가 관여하는 가운데 트립토판에서 만들어집니다.

뇌가 필요로 하는 수십 가지 영양소 중에 한 가지라도 크게 부족해지면 몸과 마음에 불균형을 초래합니다. 예를 들면 이렇습니다.

부족한 영양소	영향
비타민 B_{12}, B_6, 엽산	우울감
비타민 D	면역계 약화, 치매, 우울감
DHA	우울감

반면 뇌가 필요로 하는 영양소를 충분히 공급해 주면 활력과 회복력, 행복감이 커집니다.

How 식사 때마다, 특히 아침 식사를 할 때 여러 식품으로부터 90~120그램(트럼프 카드 한 벌 정도의 크기)의 단백질을 섭취하세요. 이렇게 하면 필수 아미노산을 얻을 수 있을 뿐만 아니라 혈당치와 인슐린 수치 조절에도 도움이 됩니다.

혈당의 경우, 흰 밀가루에 든 탄수화물과 단 음식을 많이 섭취하면 인슐린 수치가 올라갑니다. 그랬다가 인슐린 수치가 뚝 떨어지면서 지치고, 짜증나고, 몽롱한 상태, 즉 저혈당 상태가 되지요. 인슐린 수치가 자주 높아지는 사람은 제2형 당뇨 고위험군입니다. 그러니까 이런 식품을 가능하면 피하세요. 정제 설탕의 경우에는 하루에 25그램을 넘지 않도록 하고, 정제된 밀가루는 가능한 한 먹지 않는 편이 좋습니다.

블루베리, 케일, 비트, 당근, 브로콜리처럼 색이 진한 야채와 과일을 많이 섭취하세요. 이러한 식품에는 주요 영양소들이 들어 있어서 기억을 돕고, 뇌의 산화를 방지하며, 치매 위험을 줄일 수 있습니다.

효능이 다양하고 뛰어난 멀티 비타민과 미네랄 보충제를 섭취하세요. 하루 세 끼만으로 건강 유지에 필요한 영양소를 모두 섭취할 수 있다면 더할 나위 없겠지만 대부분의 사람들은 싱싱한 채소를 비롯하여 여러 가지 재료를 조리하고 준비할 시간이 없습니다. 게다가 매일 몸으로 들어오는 수백 가지 인공 성분을 대사처리하기 위해서도 이런 영양소들이 많이 필요합니다. 최대한 건강에 좋은 식품을 먹고 거기에다 보충제 몇 알 정도를 섭취하는 일은 간단합니다. 입안에 털어넣기만 하면 되니까 이를 닦는 것보다도 시간이 덜 걸립니다. 하루에 두세 알 정도 먹으면 되는 고품질 보충제를 찾으려면 비타민 B의 경우 일일 권장량의 5~10배, 미네랄의 경우 일일 권장량 100퍼센트를 함유하고 있는지를 확인해 보세요.

또한 매일 2~3알 정도의 질 좋은 피쉬오일로 적어도 500밀리그램 정도의 DHA와 EPA를 섭취해야 합니다. 제품 라벨을 읽어보세요. 피쉬오일이 싫다면 아마씨 기름이나 해초 DHA가 대안이 될 수 있지만 몸과 뇌에 오메가3 지방을 공급하는 가장 효과적인 방법은 피쉬오일입니다.

'머리에 밥을 주는 것'은 내 생명에 밥을 주는, 즐거운 일입니다.

11장 뇌 보호하기

Why 뇌는 신체의 여러 시스템을 관리하며 생각과 느낌, 기쁨과 슬픔의 바탕이 됩니다. 말할 필요도 없이 인체에서 가장 소중한 기관입니다. 작은 신경화학적 변화만 생겨도 기분, 회복력, 기억력, 집중력, 생각, 느낌, 욕구 등이 크게 변할 수 있습니다.

그러므로 독소, 염증, 스트레스 같은 부정적인 요인으로부터 뇌를 지키는 일은 매우 중요합니다.

뇌를 잘 보살펴주면 뇌가 우리를 잘 보살펴줍니다.

How 독소를 피하세요. 본드 흡입을 하지 않거나 주유할 때 바람 부는 방향으로 서는 것 등은 당연하고, 술도 조심해야 합니다. 술은 뇌세포에서 산소를 빼앗아가기 때문이지요. 취하는 것은 사실 뇌세포가 산소 부족을 느끼기 때문입니다.

감염을 방지하세요. 감염이 되거나 알러지를 일으키는 물질이 침입하면 면역계가 활성화되는데 이때 면역계는 사이토킨이라는 화학적 전령을 온 몸에서 내보냅니다. 안타깝게도 사이토킨은 계속 뇌에 남아 기분을 가라앉히거나 심지어 우울증을 유발할 수 있습니다.

따라서 손을 자주 씻는 등 감기나 독감에 걸리지 않도록 실생활에서 여러 가지 노력을 하고, 면역계를 활성화시키는 음식은 피해야 합니다. 가령 밀, 귀리, 호밀 등 글루텐이 들어 있는 곡물이나 유제품, 또는 이 두 가지 음식 모두에 염증 반응을 일으키는 사람들이 많습니다. 놀랄 일도 아닌 것이 인간이 이런 곡물을 섭취하기 시작한 것은 겨우 1만 년 전인데, 영장류와 인간을 포함한 포유류의 식이가 2억 년에 걸쳐 진화해 온 것과 비교하면 눈깜짝할 시간에 불과하기 때문입니다. 글루텐이나 유제품이 나에게 좋은지 아닌지 판단하기 위해 병원에 가서 혈액 검사를 하고 알러지 유무를 확인할 필요는 없습니다. 그냥 2주 정도 글루텐이 들어 있는 식품과 유제품을 완전히 끊은 뒤 심신의 건강에 변화가 생기는지 살펴보세요. 변화가 생긴다면 계속해서 이 두 가지 음식을 먹지 마세요. 나도 먹지 않습니다. 이 음식 말고도 맛있는 먹을거리는 얼마든지 있으니까요.

규칙적으로 운동하세요. 규칙적인 운동은 뇌세포의 생성을 비롯하여 새로운 신경조직의 형성을 촉진합니다.

긴장을 푸세요. 스트레스 호르몬인 코티솔은 뇌에서 싸우거나 도망가라고('싸움-도망 반응' : 뇌가 위험 요인을 감지했을 때 본능적으로 맞서 싸우거나 도망가려는 생체 반응-옮긴이) 위험 신호를 보내는 편도체를 자극함과 동시에 스트레스 반응을 억제하는 해마를 약화시키거나 심지어 위축시킵니다. 그 결과 오늘 스트레스를 받으면 내일은 스트레스에 더 취약해지는 악순환이 시작됩니다. 뿐만 아니라 해마는 기억 형성에 핵심적인 역할을 하므로 매일 스트레스를 받으면(실망하거나, 짜증이 나거나, 걱정을 하기만 해도 스트레스가 생깁니다) 새로운 것을 배우거나 자신의 감정을 객관적으로 보기가 힘들어집니다. 스트레스에 대한 주요 처방은 긴장을 푸는 것입니다. 긴장을 해소하면 신경계에서 마음을 가라앉히고 안정시키는 역할을 하는 부교감 신경이 활성화됩니다. 긴장 해소를 위한 좋은 방법은 4장을 참고하세요.

/ 2부 /

기쁨

12장 마음껏 기쁨 누리기

Why 삶에서 즐거움을 찾는다는 것은 힘들거나 고통스러운 일을 밀쳐둔다는 뜻이 아닙니다. 내 주위에 이미 존재하는 즐겁고 행복한 일에 마음을 활짝 열고, 그 일을 마음껏 누리고 즐기고 행복해 하는 것입니다.

이렇게 하면 자율신경계에서 마음을 차분하게 하는 부교감 신경계가 활성화되는 반면 '싸움-도망 반응'을 일으키는 교감 신경계와 스트레스 반응 호르몬들이 조용해집니다. 기쁨을 누려서 스트레스로부터 해방되면 기분이 좋아지고, 두려움이 줄어들며, 낙관적으로 변합니다. 그밖에 신체적 건강에도 좋은 영향을 주어 면역계가 강해지고, 소화가 잘 되고, 호르몬 균형이 개선됩니다.

How 일상생활에서 누릴 수 있는 즐거움을 음미해 보세요. 오감으로 느낄 수 있는 기쁨을 찾아보세요.

- 후각—오렌지 껍질, 나무 태울 때 나는 연기, 저녁 식사가 조리될 때, 아이의 머리카락 등
- 미각—진한 커피, 고급 차, 초콜릿을 곁들인 프렌치 토스트, 샐러드, 염소치즈 등
- 시각—해돋이, 해넘이, 보름달, 잠자는 아기, 가을의 붉은 단풍, 은하의 사진, 금방 내려 쌓인 눈 등
- 청각—해변을 때리는 파도, 솔밭 사이를 스치는 바람, 소중한 친구의 웃음, 베토벤 9번 교향곡, 정적 그 자체 등
- 촉각—방금 세탁한 침대 시트, 시원하게 등 긁기, 따뜻한 물, 후텁지근한 날 불어오는 한 줄기 시원한 바람 등

오감으로 느끼는 기쁨에 이제 마음을 더하세요. 생각하거나 기억하면 기분이 좋아지는 것에는 무엇이 있는지 떠올려 보세요. 산 위의 푸른 초원, 열대의 해변, 푹신한 거실 의자 등 내가 좋아하는 환경을 떠올리고 내가 그곳에 있다고 상상해 보세요.

마지막으로 그 즐거운 느낌을 깊이 음미하세요. 즐거움 속에 흠뻑 젖어 충분히 시간을 보내고, 즐거움으로 몸과 마음을 가득 채우세요. 즐거움 속에 풍덩 빠지세요! 즐거움을 만끽하는 데 방해가 되는 것들, 가령 즐거움을 느끼는 건 어리석거나 나쁜 짓이라는 생각이 떠오른다면

그 생각을 버리세요. 그리고 다시 즐거움 속으로 뛰어들면 됩니다.
마음껏 즐기세요!

13장 '예스'라고 말하기

Why 아들이 고등학교에서 연극을 하면서 나는 즉흥연극(애드리브) 연습에 대해 알게 되었습니다. 상대 배우가 어떤 대사나 행동을 하더라도 반드시 '예스'로(때로는 말 그대로 '예스'라고) 받아서 대처해야 하는 것이지요. 가령, 무대 위에서 어떤 배우가 "의사 선생님, 왜 우리 아기는 머리가 둘이죠?"라고 즉흥적으로 대사를 하면 "머리 두 개가 하나보다 낫기 때문입니다"라는 식으로 받아주어야 한다는 것입니다.

현실 생활도 즉흥연극과 비슷합니다. 끊임없이 대본이 바뀌는 현실에서 '예스'라고 하면 현재의 흐름을 계속 타고 갈 수 있으며, 창의력을 이끌어낼 수 있고, 삶이 더 재미있어집니다. '노'라고 소리 내어 말하거나 마음 속으로 말해 보세요. 어떤 느낌인가요? 이번에는 '예스'라고 말해 보세요. 어느 쪽이 더 기분이 좋습니까? 어느 쪽이 더 마음이 열리고 세상과 더 가까워지는 느낌인가요?

삶의 어떤 부분, 그것이 내가 처한 조건이나 상태든, 다른 사람과의 관계든, 나의 과거나 인격, 지금 내 마음 속에서 일어나는 어떤 일이든, 여기에 대해 '예스'라고 한다고 해서 그것을 '좋아한다'는 뜻은 아닙니다. 고통이나 슬픔, 자신이나 타인의 어려운 상황에 대해서도 '예스'라고 할 수 있습니다.

'예스'라고 말한다는 것은 현실을 그대로 받아들인다는 뜻이며, 그 현실을 바꾸려고 온 힘을 다해 노력하고 있다 하더라도 감정적으로는 그 현실에 저항하지 않는다는 뜻이기도 합니다. 이렇게 하면 대개 마음이 편안해지고, 또 어떤 노력을 할 때 그 효과가 커질 수 있습니다.

How 좋아하는 것에 대해 '예스'라고 말해 보세요. 이제 좋아하지도 싫어하지도 않는 것에 대해 '예스'라고 말해 보세요. 여기까지는 아마 쉬울 것입니다.

그렇다면 좋아하지 않는 것에 대해 '예스'라고 말해 봅시다. 이것도 할 수 있습니까? '예스'라고 말하면서, 나도 싫어하는 것이 있지만 근본적으로 나의 삶은 괜찮다고 생각해 보세요. 이렇게 하면서, 내가 좋아하든 싫어하든 현상을 있는 그대로 받아들이고 승복하는 마음을 가져보세요.

마음에 들지 않는 이런저런 일에 대해 '예스'라고 한번 말해 보세요. 그렇게 한다고 해서 그 일을 찬성하거나 지지한다는 뜻은 아닙니다. 예를 들어 소풍날 비가 오는 것, 세계 곳곳에서 가난하고 굶주리는 사람들, 직장에서의 지지부진한 실적, 아이를 유산한 일, 소중한 친구가 암에 걸린 일에 대해 '예스'라고 하는 것은 있는 그대로의 현실을 '인정'한다는 의미입니다. 그래, 차가 막히네. 그래, 난 이런 일을 해. 그래, 이게 내 몸이야…….

살면서 지금까지 겪었던 크고 작은 사건, 좋았던 일, 나빴던 일, 그저 그랬던 일, 과거나 현재나 미래의 온갖 풍파와 굴곡에 대해 '예스'라고 하세요. 동생이 태어나면서 부모님의 사랑을 독차지하던 시절이 끝나버린 것, 부모님의 직업과 가족의 현재 상황, 독립하면서부터 했던 이런저런 선택, 아침에 먹었던 음식, 새로운 곳으로 이사한 일, 잠자리를 함께 하는 상대, 잠자리 상대가 없는 것, 아이를 가진 일, 아이를 갖지 않는 것에 대해 모두 '예스'라고 하세요.

마음에 떠오르는 모든 것에 대해 '예스'라고 하세요. 느낌에 대해, 감각에 대해, 생각에 대해, 이미지에 대해, 기억에 대해, 욕망에 대해 '예스'라고 하는 것입니다. 심지어 억눌러야 할 마음, 예를 들어 화가 나서 무엇인가를 후려치고 싶은 충동, 부당한 죄책감, 중독 등에 대해서도 '예스'라고 해보세요.

내 삶에 포함된 사람들의 '모든' 부분에 대해서도 '예스'라고 하세요. 부모님의 사랑은 물론이고, 그 사랑으로 인해 귀찮은 부분까지 받아들이는 것입니다. 유머 감각이 뛰어나고 인내심이 강한 친구의 괴팍함에 대해서도, 짜증을 잘 내고 매사에 비판적인 친구의 진실함에 대해서도 '예스'라고 인정해 주세요. 아이, 친척, 그저 좀 아는 사람, 심지어 적대

관계에 있는 사람의 모든 면에 대해서도 '예스'라고 하세요.

나 자신이 갖고 있는 이런저런 자질에 대해서도 모두 '예스'라고 하세요. 지금 당장 '예스'라고 할 부분을 찾아내지 않아도 좋습니다. 그저 나의 내면에 있는 것이면 무엇이든 거기에 대해 '예스'라고 하는 것입니다.

내가 좋아하지 않는 것을 포함해서 여러 가지 대상에 대해 조금씩 다른 톤으로 '예스'라고 말해 보세요. 마음 속으로 해도 좋고 소리를 내어 말해도 좋습니다. 그리고 이렇게 하면 어떤 느낌인지 스스로 살펴보세요. 조심스럽게, 자신 있게, 부드럽게, 후회하듯, 아니면 열정적인 어조로 '예스'라고 해보세요.

'예스'라고 할 때의 그 느낌을 몸으로 느껴보세요. 틱낫한 스님의 방법을 응용하면 이렇습니다. 숨을 들이쉬면서 뭔가 긍정적인 것을 느끼고, 내쉬면서 '예스'라고 하세요. 에너지를 들이쉬고 '예스'를 내쉬세요. 고요함을 들이쉬고 '예스'를 내쉬세요.

자신을 위해 필요한 일, 해야 할 일에 대해 '예스'라고 하세요. 그래 나를 위한 시간을 좀더 늘려야 해. 그래, 운동을 더 많이 하고, 사랑도 많이 하고, 단 음식을 줄이고, 화를 덜 내야 해. 이런 필요에 대해 '노'라고 마음 속으로 말하거나 소리를 내어 말하면 어떤 기분이 드는지 살펴보세요. 그리고 다시 '예스'라고 하세요.

행동에 대해서도 '예스'라고 하세요. 키스, 사랑의 행위, 소금통을 향해 손을 뻗는 행동, 이를 닦는 행동, 사랑하는 사람과 헤어지는 순간 마지막 작별 인사에 '예스'라고 하세요.

자신이 '노'라고 한 일을 돌아보세요. 그리고 예전에 '노'라고 했던 몇 가지에 대해 '예스'라고 하면 어떤 변화가 오는지 살펴보세요.

살아 있다는 사실에 대해 '예스'라고 하세요. 생명, 내 인생에 대해 '예스'라고 하세요. 한 해 한 해, 하루하루, 매순간에 대해 '예스'라고 하세요.

삶이 나에게 '예스'라고 속삭이는 모습을 상상해 보세요. 모든 존재에 대해, 나 자신에 대해 '예스'라고 하세요. 내가 '예스'라고 한 모든 대상이 지금 나에게 '예스'라고 하고 있습니다. 내가 '노'라고 했던 대상조차도 나에게 '예스'라고 하고 있습니다.

호흡을 한 번 할 때마다, 심장이 뛸 때마다, 신경세포에서 전기 신호가 흐를 때마다 모두 '예스'라고 하고 있습니다. 모두가 예스, 예스라고 하고 있습니다.

예스!

14장 휴식하기

Why 인간은 수백만 년에 걸쳐 무리를 지어 생활하는 수렵채취인으로 진화했습니다. 그러면서 계절의 변화와 해가 뜨고 지는 하루의 리듬에 맞춰, 걷는 속도와 비슷하게 천천히 살았습니다. 오늘날에도 존재하는 수렵채취인 사회를 관찰해 보면 먹을 것과 머물 곳을 찾느라 움직이는 시간은 하루에 몇 시간뿐입니다. 인간의 조상도 비슷하게 살았으리라고 어렵지 않게 짐작할 수 있습니다. 몇 시간만 일하고 나머지 시간은 느긋하게 쉬거나, 친구들과 어울려 놀거나, 별을 바라보며 시간을 보냈을 것입니다.

물론 호랑이의 날카로운 이빨을 피해야 하는 등 그 시절에도 삶은 만만치 않았을 것입니다. 하지만 인간의 몸과 마음이 하루의 상당한 시간을 휴식 또는 여가의 상태, 즉 '쉬는 상태'에 있도록 진화했다는 사실은 변함이 없습니다.

그러나 21세기를 사는 '문명인'들은 출퇴근 시간, 집에서 일하는 시간, 출장 시간을 따지면 하루에 10시간, 12시간, 또는 그 이상 일을 합니다. 먹고 살기 위한 음식과 잘 곳을 마련하려면 그럴 수밖에 없지요. 집에서 아이들을 돌보는 사람의 경우도 크게 다르지 않습니다. 아이 하나를 제대로 키우려면 온 마을이 나서야 한다는 말이 있지만 오늘날의 마을은 거의 유령 도시 같은 모습이거든요. 많은 사람들이 아침에 눈 뜨자마자 바쁘게 움직이며 일하고 이메일을 확인하거나 아이들 밥을 먹이고(두 가지를 다 하기도 하죠) 밤에 응답기 메시지를 확인할 때까지 끊임없이 무슨 일인가를 합니다.

어느 쪽이 '문명'이고 어느 쪽이 '원시'인지 구분이 안 될 지경이지요!

정신없이 바쁘게 돌아가는 현대의 생활 방식은 만성 스트레스와 긴장의 원인이 되며, 육체적·정신적 건강에 문제를 일으킵니다. 또한 창의적 활동, 교우 관계, 여가 활동, 영신적 생활, 아이나 친구와 보낼 시간을 앗아가 버립니다. 치료 전문가로서 나는 편부모나 양쪽 부모가 일주일에 60시간 이상 일하는 가족을 자주 보았습니다. 이 사람들에게 일은, 마치 거실을 차지해 버린 코끼리처럼, 눈에 뻔히 보이지만 어쩌지 못하는 문제가 되어버렸고 다른 일은 모두 뒷전으로 밀려나 있었습니다.

잠시 시간을 내서, 인생의 황혼기에 어딘가에 편안히 앉아 지나온 삶을 돌아본다고 상상해 보세요. 그때 어떤 생각이 들까요? '옛날에 일을 더 많이 했으면 좋았을 걸', '집안일을 더 많이 할 걸' 그런 생각을 할까요?

아니면 '좀더 느긋하게 살면서 친구를 만나거나 별을 바라보는 시간을 많이 가졌더라면' 하고 후회할까요?

How 이제 좀더 휴식을 취하겠다고 자신과 약속하세요. 여기서 소개하는 휴식은 대부분 아주 짧아서 1분도 채 안 걸립니다. 그러나 휴식의 효과가 누적되면 정말 이롭습니다.

좀더 잘 휴식을 취하는 몇 가지 방법이 있습니다. 여러분의 마음에 쏙 드는 것을 고르세요.

- 스스로에게 허락하세요. 열심히 일했으니 조금 쉬어도 된다고 자신에게 말하세요. 휴식은 건강에 중요하다고, 좀더 쉬면 더 능률적으로 일할 수 있을 거라고 스스로에게 말하세요. 동굴에 살던 원시인도 나보다는 더 많이 쉬었다고 말하세요!
- 다른 일은 모두 제쳐두세요. 쉬어야 할 시간이 되면 그 시간만큼은 모든 것을 내려놓으세요. 다른 일은 완전히 잊으세요.
- 짧게, 자주 쉬세요. 하루 중에 수시로, 최소한 몇 초 정도 하던 일을 잠시 놓아보세요. 잠시 눈을 감거나, 두어 번 심호흡을 하거나, 시선을 돌려 먼 곳을 보거나, 기도나 속담을 여러 번 말해 보거나, 일어서서 왔다갔다 해보세요.
- 기어를 바꾸세요. 오늘 처리해야 할 일을 소화하느라 숨가쁘게 움

직여야 할 경우라면 A 업무를 처리하다가 B 업무를 처리하는 식으로 A 업무에서 잠시 해방되세요.

- 밖으로 나가세요. 창 밖을 내다보세요. 밖으로 나가 하늘을 바라보세요. 회의장에서 빠져나갈 구실을 생각해 보세요.
- 오프라인 하세요. 단 몇 분이라도 전화를 받지 마세요. 이메일 창을 닫고, 텔레비전이나 라디오를 끄고, 이어폰을 빼세요.
- 몸을 기쁘게 해주세요. 얼굴을 씻으세요. 쿠키를 하나 먹어보세요. 뭔가 좋은 냄새를 맡거나, 기지개를 펴거나, 눕거나, 눈이나 귀를 어루만져 주세요.
- 마음의 휴가를 떠나세요. 산 속의 호수, 열대의 해변, 할머니 댁 주방 등 느긋하고 행복한 느낌을 주는 장소를 떠올리세요. 그리고 그곳으로 가서 마음껏 즐기세요. 가끔 나는 이렇게 중얼거리곤 합니다. "내 몸은 여기 붙잡혀 있지만 내 마음까지 붙잡아둘 수는 없어."
- 스트레스 수치가 위험 수위를 넘지 않도록 하세요. 어떤 상황에서 좌절감과 긴장이 점점 심해지면 폭발하기 전에 잠시 그 상황에서 벗어나 휴식을 취하세요. 스트레스가 위험 수위를 넘지 않도록 하는 것은 장기적인 건강과 행복을 위해 대단히 중요한 일입니다.

휴식도 없이 바쁘기만 한 생활의 근본 원인을 찾기 위해, 자신이 꼭 처리해야 한다고 생각하는 일을 모두 생각해 보세요. 몇 가지 포기하거나 다른 사람에게 시킬 만한 것은 없나요? 앞으로 일을 좀 줄일 수는 없습니까?

나는 오랜 시간에 걸쳐 '노'라고 말하는 방법을 배웠습니다. 별로 중요하지 않은 일에 대해, 좋은 일이지만 도저히 시간을 낼 수 없는 일에 대해, 일정표를 가득 채우고 싶은 욕구에 대해 '노'라고 하는 것 말입니다.

이렇게 '노'라고 하면 나 자신의 행복, 친구들, 나를 정말 풍요롭게 하는 활동, 차분하고 정돈된 정신, 머리 위에서 밝게 빛나는 별들에 대해 '예스'라고 말하는 데 도움이 됩니다.

15장 기뻐하기

Why 생명의 위협을 느끼는 혹독하고 거친 환경에서 살아남기 위해 인간의 신경망은 '외부'의 환경과 '내부', 즉 자신의 머릿속에서 지속적으로 나쁜 조짐을 탐색하고, 이에 반응하고, 저장하고, 떠올리도록 진화해 왔습니다.

그 결과 인간은 외부 환경에서 오는 위협, 상실, 학대뿐만 아니라 걱정, 슬픔, 반감, 실망, 분노 등 내면의 감정적 반응에 주로 관심을 기울입니다. 인간은 또한 자신의 실수와 단점에 집중하고 죄의식, 수치심, 미흡함, 심지어 자기 혐오의 감정에 몰두합니다.

물론 자신이나 타인에게 해가 되는 것이 있다면 이를 알아차리고 대처해야 합니다. 자신의 마음과 성격을 개선할 부분도 있지요.

하지만 뇌의 부정적 성향 때문에 사람들은 대부분 터무니없이 과잉반응을 보입니다.

이것은 너무나 부당한 일입니다. 나쁜 일 몇 가지에만 초점을 맞추고 수많은 좋은 일은 무시하거나 과소평가하는 것은 불공평하다는 뜻입니다. 이렇게 되면 쓸데없는 걱정, 비관주의, 우울한 기분, 자기 회의에 빠지게 됩니다. 나쁜 측면만 강조하다 보니 매사에 의심이 많아지고 주위 사람에게 쉽게 짜증을 내게 되지요.

그러나 좋은 일, 특히 내가 '기뻐하는' 작은 일을 적극적으로 찾아서 뇌의 부정적 성향을 상쇄하면 더 행복해지고, 세상에 대해 마음이 평온해지며, 사람들에게 더 마음을 열 수 있고, 더 적극적으로 내 꿈을 향해 나아갈 수 있습니다. 마음의 기쁨이 커지면 자연스럽게 스트레스가 줄어들고 면역계가 강화되는 등 건강상의 이익도 얻을 수 있습니다.

이제 '좋은 일'에 대한 얘기를 해보지요.

How 기뻐할 만한 일을 찾아보세요.

- 일어나지 않은 나쁜 일, 일어났지만 걱정했던 것보다 별로 나쁘지 않았던 일
- 힘들거나 괴로운 상황이 끝났을 때의 해방감
- 과거에 있었던 좋은 일
- 현재의 삶에서 좋은 일. 친구, 사랑하는 사람들, 아이들, 애완동물, 건강한 몸, 음식이 가득 진열된 가게, 공공 도서관, 전기, 일과 재산에서의 긍정적인 면, 내가 즐기는 취미 활동, 해넘이, 해돋이,

아이스크림 등
- 긍정적 성격 등 자신의 좋은 부분

기쁜 느낌 속으로 빠져보세요.

- '기쁘다'란 어떤 일에 대해 즐겁다, 행복하다는 뜻입니다. 어떤 일 또는 대상으로 인해 즐겁거나 행복한 기분이 들면 감정, 신체, 생각 등이 어떤 느낌인지 유의해서 기억해 두세요. 긍정적인 마음 상태에 대해 확실한 감각기억(감각기관으로 들어온 물리적 자극에 대한 정보를 아주 짧은 시간 저장하는 기억-옮긴이)을 만들어두면 나중에 그 기억을 쉽게 떠올릴 수 있습니다.
- 작고, 미묘하고, 미약하고, 스쳐 지나가는 기쁨의 느낌을 놓치지 마세요.
- 좋은 일을 천천히 음미하세요. 너무 빨리 다른 일로 넘어가지 마세요!
- 의심이나 걱정이 기쁜 느낌을 앗아가 버리지 않는지 유의해서 관찰하세요. 다른 사람에 대한 분노나 불만, 편견에 집착하고 있지 않은지 솔직하게 판단해 보세요. 기쁜 감정을 계속 끌고 갈 수 없어도 괜찮습니다. 아주 흔한 일이니까요. 이럴 때면 마음 속에 떠오른 부정적 생각에 납치, 음울함, 불평 등 적절한 이름을 붙이세요. 그리고 나서 이런 나쁜 생각 속으로 빠져들어갈 것인지 아니

면 좋은 일에 마음을 집중할 것인지 자유롭게 결정하세요. 잘 생각해서 결정을 내리고, 그 결정을 인정한 다음, 실천에 옮기면 됩니다.
- 하루 중 아무 때나, 예를 들어 취침 전에, 즐거운 일을 적어도 세 가지 이상 꼽아보세요.

기쁨의 감정을 다른 사람과 나누세요.

- 즐거웠거나 행복했던 일(일상의 사소한 일인 경우가 많습니다)에 대해 다른 사람들에게 이야기하는 습관을 들여보세요.
- 어떤 사람에 대해 좋아하거나 높이 사는 부분이 있다면 기회가 있을 때마다 그 사람에게 얘기해 주세요.

16장 믿음 갖기

Why 간단한 실험을 해봅시다. 마음 속으로 생각하거나 소리를 내어 다음 빈 칸을 채워 보세요. "나는 ＿＿＿을 믿는다." 그리고 다음 빈 칸도 채워 문장을 완성해 보세요. "나는 ＿＿＿을 믿지 않는다."

믿는다고 할 때와 믿지 않는다고 할 때의 느낌이 어떻게 다른가요? 과거에 무엇인가에 대한 '믿음'의 경험을 떠올려 보면 아마 거기에는 그 무엇인가에 대한 '신뢰'나 '확신'이 있었을 것입니다. 그도 그럴 것이, '믿음(faith)'이라는 영어 단어는 '신뢰하다(trust)'는 뜻의 라틴어에서 왔기 때문입니다('믿음'을 의미하는 'faith'는 종교를 의미하기도 하지만 나는 이 책에서 좀더 광범위한 의미로 썼습니다). 믿음을 가지면 기분이 좋습니다. 신뢰(confidence)한다는 것은 믿음(faith)을 갖는다는 뜻입니다. 'confidence'의 동사인 'confide'(비밀을 털어놓다)는 con(with)과 fide(faith)가 결합된 것으로, 결국 '믿음을 갖는다'는 뜻이지요.

믿음은 직접 경험, 추론, 신뢰할 만한 사람의 말이나 글에서 생기기도 하고 가끔은 그저 뭐라고 설명할 수는 없지만 마음 속 깊은 곳에서부터 옳다고 느껴지는 그 무엇으로부터 생기기도 합니다. 또한 진화론과 천국을 모두 믿을 수도 있습니다. 다이빙을 하면 물이 갈라져서 내 몸이 물 속으로 들어갈 것이라는 예상처럼, 믿음은 때로 자명한 사실을 믿는 것이기도 합니다. 그 외에 믿음은 대개 의식적인 선택, 즉 적극적인 행위에 가깝습니다. 자식이 대학생이 되어 집을 떠나서도 잘 지낼 것이라고 믿는 쪽을 택하는 것처럼 말입니다.

여러분의 믿음은 어디에 있습니까? 바깥 세상에 있나요, 자신의 내부에 있습니까?

나는 이런 것들을 믿습니다. 내일 태양이 뜨리라는 사실, 암벽타기를 할 때 나의 파트너, 과학과 학문, 낯선 이들이 나에게 친절하리라는 것, 복숭아는 맛있다는 것, 아내의 사랑, 신, 대부분의 사람들이 평화롭게 살고 싶어한다는 사실을 믿습니다. 이뿐만 아니라 나의 의지력, 커피 끓이는 기술, 대체적으로 착한 성품도 믿습니다.

믿음(자명한 세상을 포함하는 넓은 의미의 믿음)은 매번 상황을 처음부터 새롭게 파악하지 않음으로써 뇌의 신경 자원을 보존하는 효율적인 방법입니다. 믿음 속에 들어 있는 본능적인 확신을 바탕으로 전전두엽의 논리, 대뇌 변연계의 감정, 뇌간(腦幹) 자극이 통합됩니다.

자신과 세상에 대한 믿음이 없으면 삶은 불안정하고 무서운 것이 됩니다. 믿음을 가지면 내가 의지할 수 있고 나를 받쳐주는 든든한 바탕이 생깁니다. 믿음은 의심과 두려움을 물리치는 해결책이기도 합니다.

믿음은 역경을 헤쳐나갈 때 힘과 용기를 줍니다. 또 내가 선택한 길을 꾸준히 가면 좋은 곳에 이를 것이라는 확신을 가지고 계속 전진할 수 있게 해줍니다. 믿음을 가지면 희망적이고 낙관적인 태도가 생겨 자신의 믿음을 실현하는 데 도움이 되는 행동을 하게 되고, 이런 행동은 또 믿음을 강화시켜 선순환이 생깁니다. 믿음은 시야를 넓혀 먼 곳을 바라보게 하고, 신성하고 성스러운 것으로 시선을 돌리게 합니다.

How 어느 정도의 회의(懷疑)는 좋은 것입니다. 그러나 회의가 지나치면 세상에 대한 불신과 자기 회의에서 헤어나지 못할 수도 있습니다. 무엇을 믿을지에 대해 내가 올바른 선택을 하리라는 믿음을 가지세요! 그러려면 두 가지 함정에 빠지지 말아야 합니다.

- 믿음을 쏟는 대상이 잘못된 경우입니다. 내 뜻대로 되지 않는 사람들, 가망 없는 사업이나 일, 독단적 교리와 편견, 자신에게 해가 되는 마음의 태도(타인에게 경계심을 갖는 것은 어릴 때는 적절한 일이고 별 문제가 없었지만 어른이 된 지금은 너무 작은 갑옷을 입고 돌아다니는 것 같은 기분이지요) 등에 믿음을 두는 것입니다.
- 믿음이 너무 약한 경우입니다. 사람들이 대체로 내 얘기를 들어주리라는 것, 꾸준히 노력하면 언젠가는 결실을 얻으리라는 것, 자기 내면의 선함 등 강한 믿음을 보내야 할 대상에 대해 믿음이 너

무 약한 것입니다.

첫째, 나 자신과 세상에 대해 내가 믿음을 갖고 있는 대상의 목록을 만드세요. 마음 속으로 해도 되고, 종이에 쓰거나 다른 사람과 이야기를 해도 됩니다.

그런 다음, 사냥감을 보고도 꿈쩍 않는 개나 말라붙은 우물처럼 잘못된 대상에 신뢰를 보내고 있지 않은지 자문해 보세요. 난 약하거나 결함이 있다는 믿음, 사람들이 내게 무심하다는 믿음, 옛날과 똑같이 하면서도 어떻게든 특별한 결과를 얻을 수 있으리라는 믿음 등 잘못된 생각에 너무 많은 믿음을 보내고 있지 않은지 꼭 살펴보세요.

이제 잘못된 믿음을 하나 골라서 의식적으로 멀어지세요. 왜 그런 잘못된 믿음이 생겨났는지, 그것 때문에 어떤 피해가 발생했는지도 되돌아보세요. 이런 믿음을 버렸을 때 어떤 이익을 얻을 수 있는지도 상상해 보고, 이를 대체할 다른 믿음을 생각해 보세요. 방금 생각한 것 말고도 잘못된 믿음이 있다면 똑같은 과정을 반복해 보세요.

둘째, 자신과 세상에 대해 믿음을 가질 만한 대상의 목록을 만듭니다. 믿음을 가지면 좋을 텐데 그러지 못한 것들의 명단입니다. 예를 들어 지금보다 더 믿어줄 수 있는 사람들(아이들을 포함하여), 사람들은 대개 안전하다는 사실, 자신의 장점과 미덕 같은 것 말입니다.

이제 목록 중의 한 가지를 선택해서 믿음을 더 가질 수 있을지 생각해 보세요. 이 대상을 믿어야 할 좋은 이유들을 기억하세요. 믿음을 가지면 나와 다른 사람들에게 어떤 도움이 될지 상상해 보세요. 이 대상에 대한 믿음을 의식적으로 다짐하세요.

셋째, 자신의 마음 속 깊은 곳에 자리잡은 좋은 품성과 열망을 생각해 보세요. 잠시 동안 그 품성과 열망에 몰입해 보세요. 어떤 느낌이 드나요?

자신의 좋은 면에 더 믿음을 갖도록 해보세요. 이들은 항상 내게 충실해 왔으니까요.

17장 아름다움 찾기

Why 아름다움이란 오감뿐 아니라 여섯 번째 감각인 '마음'을 기쁘게 하는 것입니다.

사람들은 저마다 아름다움을 느끼는 방식도 다르고, 아름다움을 발견하는 장소도 다릅니다. 아름다움을 느끼기 위해 꼭 박물관에 가거나, 교향곡을 듣거나, 최고급 요리를 먹어야 하는 것은 아닙니다.

좀 이상하게 들릴지 모르지만 내가 아름답다고 느끼는 것은 보도블록 틈새로 비죽 올라온 풀줄기, 밀이져 가는 기차의 경적소리, 게피 냄새, 클로버 잎 모양의 고속도로 나들목, 주방용 칼, 간호사의 얼굴, 용기, 썰물, 도넛, 캐시미어의 감촉, 거품, 프리스비, 뱀, 기하학 증명, 닳아빠진 동전, 축구공을 잡을 때의 느낌 등입니다.

여러분이 아름답다고 느끼는 것은 무엇인가요?

주위를 둘러보면 아름다운 것으로 가득하지만 많은 사람들은 별로 느끼지 못하고 살지요. 의식적으로 아름다움을 찾기 시작하기 전에는 나도 마찬가지였습니다. 그러면서 사람들은 사는 게 왜 이렇게 시들한가 의아해 하지요!

　일상 속에 스며 있는 아름다움을 비롯해서 아름다운 것과 마주하면 어떤 느낌이 드나요? 아마 마음이 열리고, 마음 한 구석이 편안해지고, 기쁨이 느껴지고, 기운이 솟을 것입니다. 아름다움을 경험하면 스트레스가 줄어들고, 희망이 생기며, 인생에는 죽도록 일만 하는 것 말고도 다른 것이 얼마든지 있다는 사실을 새삼 깨닫게 됩니다. 아름다움을 느끼는 일은 다른 사람과 함께 할 수도 있습니다. 친구와 함께 저녁놀을 본 적이 있나요? 아름다운 순간을 공유하면 서로 더욱 가까워지지요.

How　매일 잠시 시간을 내어 마음을 열고 아름다움을 찾아보세요. 주변의 사물, 특히 평소에 무심코 지나치는 평범한 대상을 '제대로' 한번 보세요. 하늘, 잔디, 가전제품, 자동차, 잡초, 낯익은 풍경, 책꽂이, 길거리 등을 다시 한 번 보세요. 눈에 보이는 것뿐만 아니라 일상의 소리, 냄새, 맛, 촉감 등에 대해서도 똑같이 해보세요. 나아가서 아름다운 기억, 느낌, 생각도 찾아보세요.

　멋진 해변에서 조개를 찾는 어린아이처럼 아름다움을 탐색하세요. '멋지다'거나 '예쁘다'는 범위 밖에 있는 것들에 대해서도 마음을 열어보세요. 뜻밖의 아름다움에 놀라는 경험을 해보세요. 예상하지 못한 장소에서 아름다움을 찾아보세요.

아름다움을 발견하면 그것을 음미하세요. 마치 장미 꽃잎으로 뒤덮인 바다 위에 둥둥 떠 있는 것처럼, 아름다움이 내 몸 위로, 아래로, 사방으로 무한하게 뻗어나가는 느낌을 가져보세요.

다른 사람들, 그들의 성격과 선택, 희생, 열망 속에 들어 있는 아름다움을 알아볼 수 있어야 합니다. 숭고한 실패, 침묵 속의 결의, 뛰어난 통찰력, 다른 사람의 행운을 함께 기뻐하는 행동도 아름다움입니다. 그것을 발견해야 합니다. 아이를 달래는 부모의 다정한 목소리, 친구의 유쾌한 웃음소리, 선생님이 분필로 칠판에 타닥타닥 글 쓰는 소리에서 아름다움을 듣고, 이제 막 생을 시작하려는 아기의 해맑은 얼굴과 이제 막 생을 마감하려는 사람의 평온한 얼굴에서 아름다움을 읽으세요.

내 마음 속에 존재하는 아름다움도 알아보아야 합니다. 피하지 마세요. 다른 사람들이 아름다운 만큼 나도 아름다우니까요.

손으로, 말로, 행동으로 아름다움을 만들어 내세요.

심지어 숨쉬는 일도 아름답습니다. 아름다움을 호흡하면서 아름다움이 나를 호흡하게 하세요.

18장 감사하기

Why 무언가 좋은 것을 대가 없이 얻으면 사람은 감사함을 느낍니다.

그러므로 감사할 기회를 찾는 일, 달리 말해 '감사하는 자세'를 키우는 일은 내가 받은 선물을 알아보고 이를 즐기는 매우 좋은 방법입니다.

감사는 어려움, 상실, 불의를 무시하는 것이 아닙니다. 그저 나에게 주어진 것, 특히 일상의 사소한 것에 주의를 기울이는 일일 뿐입니다.

이렇게 하면 나에게 다가오는 좋은 일에 점점 더 마음을 두게 되고, 누군가가 내 편이 되어주는 느낌, 충만한 느낌, 즉 활짝 편 손을 향해 다가가는 열린 마음의 느낌에 점점 더 다가가게 되는 것입니다.

삶의 기운이 빠져나가기보다는 오히려 점점 더 충만해져서, 자신의 내면에는 많은 가치가 있으며 다른 사람에게 줄 것이 더 많다고 느끼게 됩니다.

이것은 아주 좋은 일입니다. 로버트 에몬스를 비롯한 학자들의 연구 결과에 따르면 감사하는 마음을 가지면 문제 해결 능력과 행복 증진에 도움이 되며, 심지어 수면 개선에도 도움이 된다고 합니다.

How 우선 자연스럽게 감사의 마음이 생기는 대상을 떠올려 보세요. 친구, 부모님, 조부모, 스승, 영적인 존재, 애완동물, 누구든 무엇이든 좋습니다.

이제 현재와 과거에서 주위를 둘러보고 다음과 같은 선물을 생각해 보세요.

- 이 세상이 인간에게 준 선물 — 하늘의 별, 일곱 빛깔 무지개, 겉으로는 무질서해 보이지만 알 수 없는 우주의 법칙 속에서 원자가 결합하여 행성이 형성되고 생명이 탄생하고 지금 이 순간 내가 지구에 존재하고 있다는 놀라운 사실 등
- 자연의 선물 — 날아가는 새, 자신의 주음을 통해 인간의 생존을 돕는 생물들, 놀라운 나의 뇌 등
- 생명의 선물 — 인간의 단백질 합성을 지령하는 암호를 담은 DNA 가닥 등
- 다른 사람에게 받는 선물 — 따뜻한 보살핌, 도움, 좋은 조언, 사랑 등

이런 선물은 공짜입니다. 누구도 이런 선물을 돈으로 살 수 없지요. 우리가 할 수 있는 일은 그저 이러한 선물에 감사하고, 자신의 자리에서 이러한 선물을 매일 잘 활용하는 것뿐입니다.

이런 선물을 기꺼이 받으세요. 이런 선물을 거부하는 것은 무례하고 감사할 줄 모르는 일입니다.

감사하는 마음은 죄책감이나 빚진 마음이 아닙니다. 죄책감이나 빚진 마음이 있으면 감사함을 느끼기가 힘들어지지요. 감사하는 마음을 가지면 너그러워집니다. 완전히 새로운 방향으로 말이지요. 다른 사람에게 받은 것이 고마워서 누군가에게 주고 싶어진다는 뜻입니다. 그러나 이런 마음은 '빚졌다'는 생각에서 나오는 것이 아니라 순전히 너그러움에서 나오는 것입니다. 감사하는 마음을 가지면 인간관계를 거래로 보는 태도가 사라집니다. 마음이 넉넉하고 풍요로워져서, 얼마를 주고 얼마를 받았나를 따지지 않고 기쁜 마음으로 남에게 베풀 수 있게 됩니다.

이제 내가 받은 것으로 인해 얻은 이익을 생각해 보세요. 내가 받은 것으로 인해 나를 아끼는 사람들과 내가 얼마나 도움을 받았으며, 얼마나 기분이 좋아졌고, 이로 인해 나도 얼마나 너그러워졌는가를 생각해 보세요.

그리고 나에게 '베푼 자의 선의'를 생각해 보세요. 그 주체는 사람이나 대자연, 우주일 수도 있고, 종교를 가진 사람이라면 신적인 존재일 수도 있습니다. 내가 하찮다는 느낌이 들거나 빚졌다는 느낌이 드는 것을 피하려고 이러한 선의를 애써 축소하지 마세요. 진실을 말하는 것처럼, 베푼 자에게 은혜를 갚는 것처럼, 진정한 베풂을 즐겁게 받아들이는 것처럼, 마음을 활짝 열고 그 선의를 받아들이세요.

  마지막으로 내게 주어지는 선물에 흠뻑 취해보세요. 그 선물이 무엇이든 이를 나 자신의 일부로 받아들여, 내 몸과 뇌, 존재 속에 스며들게 하세요. 숨을 들이쉴 때나 긴장을 풀 때, 마음을 열 때, 내게 주어진 좋은 것들을 받아들이세요.

19장 미소 머금기

Why 미소를 지으면 여러 가지 좋은 점이 있습니다.

- 사랑하는 사람들, 실없는 행동, 멍청하지만 귀여운 재주를 부리는 강아지, 코미디 영화 등 미소가 떠오르는 일을 생각하면 금방 기분이 좋아집니다. 이렇게 되면 스트레스 반응이 줄어들고 엔도르핀 등 체내에서 생성되는 천연 진통 물질과 도파민 등 좋은 신경 화학물질이 분비됩니다.
- 연구 결과에 따르면, 실제 기분과 관계없이 웃는 표정을 지으면 세상을 좀더 긍정적으로 바라보게 된다고 합니다.
- 미소를 짓는 행동과 미소를 지을 때 생기는 좋은 기분은 '접근 행동'을 촉진합니다. 접근 행동이란 주변의 기회에 좀더 관심을 쏟는 것, 좀더 확신을 갖고 꿈을 좇는 것, 다른 사람들에게 다가가는 것을 의미하는 전문 용어입니다.

- 미소를 지어서 기분이 좋아지고 행동이 좀더 긍정적으로 변하면 이른바 '정서적 전염'이라는 과정을 통해 다른 사람들도 덩달아 기분이 좋아지고 긍정적으로 행동하게 됩니다. 그러면 가족, 직장 부서, 친구들 등 집단 내에서 선순환이 시작됩니다. 내 미소가 다른 사람들을 미소 짓게 하고 긍정적인 변화를 유도합니다. 이런 변화는 눈덩이처럼 불어나 결국 더 큰 미소로 내게 돌아옵니다.
- 가식적인 미소나 닥터 이블 같은 악당의 비열한 미소가 아니라 진심이 담긴 미소는 사람들에게 내가 위협적인 존재가 아니라는 신호가 됩니다. 이 미소는 진화 과정에서 생겨난, 타인에 대한 경계심을 잠재웁니다. 그 결과 사람들이 좀더 쉽게 나를 받아들일 수 있게 됩니다.

How 그렇다고 해서 우울함, 슬픔, 두려움, 분노 같은 감정에 행복한 표정이 가면을 씌우라는 뜻은 아닙니다. 그런 상태에서 짓는 미소는 가짜일 것이고, 그런 미소를 지으면 기분도 끔찍하겠지요. 그러나 기분이 좋지도 나쁘지도 않은 상태이거나 조금은 좋은 상태라면 살짝 미소를 지어보세요. 그리고 그 미소를 진짜 미소로 만들어줄 좋은 일을 생각해 보세요. 그러면 자연스럽게 기분이 좋아지고 행동도 좀더 긍정적으로 바뀔 수 있습니다.

그러니까 마음 속으로든 종이에 쓰든 나를 미소 짓게 하는 일의 목록을 작성하세요. 하루에 몇 번쯤 이 목록을 떠올리고 잔잔한 미소를 지어보세요.

이렇게 하면 어떤 느낌이 드는가, 다른 사람을 대할 때 내가 어떻게 행동하는가, 다른 사람들은 나에게 어떻게 반응하는가 등의 결과를 관찰해 보세요. 이럴 때의 좋은 기분과 성취감을 음미하고 깊이 느껴보세요.

매일 몇 번 더 미소 짓는 일이 별 것 아닌 것 같지요? 하지만 뇌, 몸, 마음, 대인관계에 놀라운 변화가 시작됩니다.

이 정도면 미소 지을 만하지 않나요?

20장 신바람 내기

Why '신바람 난다'고 할 때의 '신'은 에너지와 긍정적인 감정이 합쳐친 것으로 기쁨, 열정, 즐겁게 놀기의 한 부분이기도 합니다. 강도가 약하더라도 '신'은 마음을 들뜨게 하지요. 나는 '신바람 수위계'라는 것을 생각해 내고 여기에 0에서 10까지의 단계를 붙였습니다. 맑은 날 밤하늘의 별을 볼 때는 바늘이 2까지 올라갑니다. 2010년에 샌프란시스코 자이언츠가 월드 시리즈에서 우승했을 때는 10까지 올라가더군요.

이렇게 신바람의 범위를 넓게 확장해서 볼 때 자신의 신바람 바늘을 조금이라도 움직이는 것은 무엇입니까? 백파이프 소리, 아기의 첫 걸음마, 낯선 곳으로의 여행, 프로젝트의 성공적인 마무리, 춤, 웃음, 평소 원하던 물건이 초특가 세일 상품으로 나왔을 때, 멋진 아이디어가 떠올랐을 때……, 이 가운데 혹시 있나요?

물론 몸이 아프거나 마음이 무거운 상태에서는 신바람을 느끼기 어렵습니다. 그러니까 신이 나지 않는다는 것은 어딘가 이상이 있다는 신호로 볼 수 있습니다.

그러나 몸과 마음이 정상인 상태에서도 전혀 신나는 일이 없다면 삶은 김 빠진 콜라처럼 밍밍하게 느껴질 것입니다. 열정은 창의력, 기업가 정신, 정치적 활동, 진지한 관계에 불을 붙이며 이를 유지시키는 원동력이 됩니다. 어떤 일을 할 때 '함께' 신바람을 내면 결속을 강화시킵니다. 신바람을 내서 함께 즐기면 영화, 음악회, 정치 집회, 대화, 섹스가 훨씬 더 즐겁고 강렬하게 느껴집니다.

성장 과정에서, 타고난 신바람을 사람들이 나쁘게 말하거나 찬물을 끼얹거나 억누른 경험이 있을지 모릅니다. 특히 열정은 강렬한 감정과 섹스와 깊은 관계가 있습니다. 이 중 하나를 부끄럽게 여기거나 마비시키면 열정도 똑같이 됩니다. 혹시 이런 경우에 해당하지 않습니까? 그렇다면 삶에서 열정, 기쁨, 열의, 활력이 차지하는 부분을 조금씩 늘려보세요. 그러면 자신을 좀더 적극적으로 표현할 수 있을 것입니다.

How 아주 사소한 일이라도 신바람이 나는 일을 찾아보세요. 그 일에서 기쁨을 느껴보세요. 숨을 빨리 들이쉬어 몸 속에 에너지가 충전되는 느낌을 통해 지금 이 기쁨을 더 강화시켜 보세요. 가슴을 펴고 고개를 들어 얼굴에 생기가 돌게 하세요. 이런 신바람의 느낌을 기억해 두고, 몸에서 이 느낌을 더 많이 누리도록 하세요. 하루를 살아가면서 신바람 수치를 끌어올리는 것, 특히 잘 느끼지 못했던 부분을 주의해서 살펴보세요. 신바람 날 만한 일을 찾아보세요!

신바람을 내고, 흥분하고, 열정에 취해도 괜찮다고 스스로에게 말하세요. 남들이 뭐라고 하든 짜릿한 열정이 있는 삶을 사세요. 젊은 시절 품었던 열정을 돌아보세요. 지금 그 열정은 어떤 모습인가요? 잔뜩 쌓인 먼지를 털어내고 다시 그 열정에 불을 붙이면 어떨까요?

요리, 직업, 가사, 부모로서 하는 반복적인 작업, 심지어 섹스까지, 살면서 변화가 없어지고 어쩌면 시들해져 버린 일을 하나 골라 생기를 불어넣을 방법을 찾아보세요. 새로운 요리를 시도하거나, 음악 소리를 키우거나, 실없는 행동을 하거나, 아기와 춤도 춰보면서 틀에 박힌 일상에 변화를 주는 것입니다.

스스로 신바람에 찬물을 끼얹을 수도 있음을 유의하세요. 몸을 긴장시키거나, 감정을 억누르거나, '튀지 마', '너무 요란하게 행동하지 마', '촌스럽게 굴지 마' 이런 생각을 하지 않는지 살펴보세요. 마음 속에서 신바람을 죽이는 생각을 경계하면 그런 생각이 사라질 것입니다.

요가, 무술, 기타 운동을 할 때 활력 증진을 위한 수련을 몇 가지 해보세요. 이러한 활동으로는, 어지럽지 않은 선에서 심호흡 여러 번 하기, 배꼽 아래 몇 센티 정도에 있는 몸의 중심에서 에너지 느끼기, 몇 번 점프하기, 목 뒷부분에서 나오는 듯한 낮은 소리 내기(회사에서는 하지 마세요), 밝은 빛을 상상하기 등이 있습니다.

다른 사람의 신바람에 동참하세요. 친구나 배우자를 신나게 하는 일에 우선 집중하면서, 동시에 내가 재미있고, 기운이 솟고, 흥미를 가질 수 있는 일을 찾아보세요. 에너지를 조금 끌어올려 보세요. 다른 사람의 열정을 열심히 따라 하다 보면 나 자신의 열정에 불이 붙을 수 있습니다.

남들이 신날 때 찬물을 끼얹지 말고, 남들도 내게 그렇게 하지 못하게 하세요. 너무 신바람이 지나치다 싶으면 주변 사람들의 반응을 보고 조금 자제하거나 그 에너지를 다른 곳으로 돌리세요. 그러나 신바람을 거북해 하는 사람은 경계하세요. 그런 사람들은 자신의 열정을 억누르려고 남의 열정까지 막아버립니다. 사실 이것은 그 사람들의 문제지 내 문제는 아니지요. 이런 사람들과는 거리를 두고, 관심을 같이 하는 사람을 찾아 나의 신바람 장단에 맞춰 사세요.

신바람의 본질은 '열광(enthusiasm)'인데, 이 말의 의미는 상당히 심오합니다. '어떤 특별한, 신적인 힘에 사로잡힌다'는 뜻이거든요.

3부

열정

21장 강점 찾기

Why 삶을 헤쳐 나가려면, 다시 말해 삶이 주는 아름다움을 즐기고, 위험을 피하고, 자신과 타인을 보호하고, 우정과 사랑을 찾으려면 '강함'이 필요합니다. 거칠게 밀어붙이는 것이 아니라 결의와 투지가 필요하다는 뜻입니다.

강함은 인내심, 큰 것을 취하기 위해 작은 것을 희생하는 것, 자제력 등 여러 가지 모습으로 드러납니다. 배를 움직이고 싶다고 부두 끝에 서서 배를 힘껏 내리치면 배가 움직일까요? 그렇게 하며 자신만 다칠 뿐이지요. 그럴 것이 아니라 배에 손을 얹고 바깥쪽으로 밀어야 합니다. 힘을 한쪽으로 기울이는 것입니다.

내면의 강함은 있거나 없는 것이 아니라 근육처럼 키워가는 것입니다.

How '정신적' 힘은 신체의 건강을 바탕으로 하며, 신체의 건강을 유지하려면 다음과 같이 해야 합니다. 끼니마다 단백질 섭취하기, 매일 비타민과 미네랄 보충제 먹기, 일주일에 서너 번 운동하기, 하루에 7시간에서 9시간 정도의 수면, 오래 섭취하면 중독이 되는 물질을 절제하거나 아예 피하기, 만성적 건강 문제가 있을 경우 아무리 사소해 보이더라도 해결하기. 현재 이렇게 하고 있지 않다면 오늘부터 시작하면 어떨까요?

총명함, 정직함, 고통을 견디는 능력, 타고난 재능, 다른 사람의 장점을 알아보는 능력, 아니면 그저 생존하는 능력 등 내가 갖고 있는 강점의 명단을 만들어보세요. 정확하게 해야 합니다. 너무 자기 비판적일 필요는 없습니다. 자신의 강점을 알면 스스로 더 강하다고 느끼는 데 도움이 됩니다. 할 수 있으면 다른 사람에게 내 강점이 무엇인지 물어보세요.

생계 유지, 가족 부양하기, 인간으로서 성숙하기, 세상을 더 좋은 곳으로 만들기 등 나의 강점을 이용해서 할 수 있는 좋은 일들을 생각해보세요. 스스로에게 이렇게 말하세요. "내가 강하다는 것은 좋은 일이야. 내가 강하기 때문에 좋은 일이 생겨. 좋은 사람들은 내가 강하기를 원해. 내가 약하기를 바라는 사람은 내 편이 아니야." 그리고 '강한 것은 나쁜 것'이라는 생각이 마음 속에 있지 않은지 살펴보고, 강해져야 할 좋은 이유에 관심을 집중하세요.

강하다는 느낌을 증진시키려면 강하다고 느꼈던 때를 떠올리면 됩니다(내 경우에는 다른 사람을 위해 나서거나, 거친 자연에서 등반을 하는 것처럼 육체적인 활동을 하면서 이런 느낌을 받았던 적이 많습니다). 그럴 때 몸은 어떤 느낌이었습니까? 자세와 시선은 어떠했으며 마음가짐은 어땠나요? 지금 당장 '강함'이 드러나는 자세를 취해보세요. 턱을 들거나, 발을 더 넓게 벌리고 서거나, 숨을 깊이 쉴 수도 있습니다. 이렇게 몸에서 '강한 느낌'이 충만할 때의 감각과 자세를 기억했다가 나중에 다시 활용하세요.

강하다는 느낌이 얼마나 좋은지 느껴보세요. 고요한 격렬함과 강한 의지 같은 '강함의 기쁨'을 몸 속에서 느껴보세요. 강함으로부터 나오는 자신감, 모든 것은 가능하다는 느낌을 즐기세요. 강함으로 인해 남을 보살피고 보호하고 사랑할 수 있음을 기뻐하세요.

스스로에게 '너는 강하다'라고 말하세요. 인내하고, 버티고, 문제를 해결하고, 우뚝 설 수 있다고 말이지요. 과거의 경험에 압도당하지 않고 그 경험을 냉철하게 인식할 만큼 강하다고 말하세요. 거센 바람이 불어와도 나는 뿌리깊은 나무이며 바람은 나를 더 강하게 할 뿐이라고 말입니다.

그리고 바람이 멈춘 후에도 당신은 굳건히 서 있을 것입니다. 그늘과 쉼터를 만들어주고, 꽃을 피우고 열매를 맺으며. 강하게, 오래오래.

22장 마음 챙기기

Why 이 책의 서문에서 이야기했듯, 신경계를 통과하는 정보의 움직임, 즉 대부분 무의식적인 이 '정신적 활동'은 뇌 구조에 영구적인 변화를 일으킬 수 있습니다. '함께 활성화되는 신경세포는 서로 연결된다'는 얘기입니다. 이런 현상은 주의 집중이 일어나는 부분에서 특히 더 활발해집니다. 주의를 기울이는 일은 스포트라이트와 진공청소기를 합쳐놓은 것 같은 역할을 합니다. 주의를 기울이고 있는 대상을 비추고는 뇌 속으로 확 빨아들인다는 말이지요.

주의는 대개 의지로 통제할 수 있습니다. 자신의 뇌를 조금씩 긍정적인 방향으로 변화시킬 수 있는 탁월한 도구를 언제든 내 마음대로 쓸 수 있는 셈입니다. 그런데 안타깝게도 사람들은 대부분 주의력을 잘 통제하지 못합니다. 중요하지만 지루한 회의, 호흡과 호흡 사이의 느낌 등 어떤 일에 주의를 집중하고 일정 시간 유지하고 싶지만 쉬운 일이 아닙니다. 동시에 쓸데없는 걱정, 자기 비판적인 생각 곱씹기, 지나친

텔레비전 시청 등 도움이 안 되는 일에서 주의를 떼어놓기도 어렵습니다. 이렇게 되는 이유로는 불안하거나 기운이 넘치는 등 타고난 기질 때문이거나, 상실이나 트라우마로 인해 늘 초조한 상태인 경우 등 과거의 경험 때문이거나, 주의력 결핍증을 유발하는 현대의 초자극적인 문화를 꼽을 수 있습니다.

다행히도 주의력은 훈련이 가능합니다. 훈련에 따라 자신의 스포트라이트와 진공청소기를 더 잘 사용할 수 있다는 뜻입니다. 여기서 '마음 챙김'이 등장합니다. 그저 어떤 대상을 지속적으로 인식한다는 뜻이지요. 마음 챙김 수행을 하면 주의력을 좀더 잘 통제할 수 있습니다.

직장 업무에서 중요한 세부 사항, 배우자가 마음 깊이 원하는 것, 꽃이 피어나는 모습, 미소 짓는 어린이, 자동차 열쇠를 둔 곳 등 주변에서 일어나는 일에 주의를 기울이는 것입니다. 또한 곧 터질 듯한 분노 밑에 깔린 마음의 상처, 선의, 근본적으로 착한 심성, 실망으로 끝날 수밖에 없는 비현실적인 기대 등 자신의 내면 세계에도 주의를 기울이세요.

마음 챙김을 하면 여러 가지 이익이 있습니다. 자신과 주변에서 일어나는 일에 대해 중요한 사실을 알 수 있습니다. 마음을 챙기고 있으면 어떤 일을 겪을 때 거기에 휩쓸리지 않고 차분하게 바라볼 수 있을 뿐 아니라 좀더 큰 그림을 볼 수 있습니다. 마음 챙김 상태가 강화되면 부정적인 경험으로부터 영향을 덜 받게 됩니다. 결과적으로 마음을 챙기면 긍정적인 경험을 받아들이는 데 도움이 됩니다.

마음 챙김이라는 개념은 어느 정도 불교와 관련이 있지만 세상의 모든 종교와 도덕적 가르침에서 마음 챙김을 중요하게 생각합니다. 뿐만 아니라 마음 챙김은 종교의 영역을 벗어나 병원, 기업, 학교, 프로 스포츠, 군사 훈련 등 세속적인 분야에서도 점점 더 많이 활용되고 있습니다.

연구 결과 규칙적으로 마음 챙김 수련을 하면 다음과 같은 이점이 있습니다.

- 주의력을 관장하는 뇌 영역의 피질이 두꺼워지고 따라서 주의 집중력이 강화됩니다.
- 뇌에서 자아 인식과 타인의 감정을 공감하는 기능을 돕는 뇌도의 뉴런 연결이 증가합니다.
- 부정적인 감정을 억제하고 줄여주는 좌측 전전두엽(이마 왼쪽 뒤)의 활성이 촉진됩니다.
- 면역계가 강화됩니다.
- 통증을 완화시키고 수술 후 회복이 빨라집니다.

어디를 가든 남들이 모르게 효과적으로 활용할 수 있는 '마음 챙김'이라는 간단한 방법이 있어서 얼마나 다행인지 모릅니다.

How　마음 챙김은 자연스러운 현상입니다. 사람은 매일 여러 가지 일에 이미 마음을 챙기고 있습니다. 문제는 사람들이 대부분 한 번에 몇 초씩만 마음 챙김 상태를 유지한다는 점입니다. 마음 챙김의 '순간'을 더 많이 갖고, 마음 챙김이 지속되는 시간을 늘리고, 마음 챙김의 깊이를 더 깊게 해보세요.

하루에 1분쯤 시간을 내서 의식적으로 마음 챙김 상태를 유지해 보세요. 호흡할 때의 느낌 등 특정 대상에 주의를 집중하거나, 내 인식을 통과하는 모든 것에 대해 마음을 활짝 여는 것입니다. 이런 마음 챙김의 순간을 확장하여 좀더 긴 시간 명상을 함으로써 마음을 더욱 맑고 평화롭게 만들 수 있습니다.

그런 다음 하루를 지내면서, 주변과 내면에서 일어나는 일을 차분히 인식하는 상태에 있을 때 마음 챙김의 횟수를 더 늘려보세요. 식사, 전화벨 소리, 문을 통과할 때 등 반복되는 현상을 마음 챙김의 신호로 활용해도 좋습니다.

이렇게 하면 마음 챙김의 상태가 더욱 깊어져서 호기심, 열린 마음, 비판 없이 수용하는 태도를 갖게 되고, 나아가 인식하는 모든 것에 대해 친근감을 느낄 수 있습니다. 이와 병행하여 자신이 얼마나 마음을 챙기고 있는가를 항상 인식하도록 하세요. 마음 챙김을 더 잘하기 위해 주의를 기울이고 있다는 사실에 주의를 기울이는 것입니다.

이런 훈련을 하면 뇌가 좀더 마음을 잘 챙기는 쪽으로 훈련이 되고,

그 결과 많은 이익을 얻을 수 있습니다. 미국 최초의 위대한 심리학자였던 윌리엄 제임스는 100여 년 전에 이렇게 말했습니다.

"산만하게 흩어진 주의를 의지의 힘으로 끌어오는 능력, 몇 번이고 흩어진 주의를 다시 모으는 능력, 이것이야말로 올바른 판단, 훌륭한 품성, 강한 의지의 근본이다. 이러한 능력을 키워주는 교육이야말로 '가장 뛰어난' 교육이라 할 것이다."

23장 인내심 갖기

Why 모든 일이 시간에 맞춰 매끄럽게 진행되기를 바라는 것은 당연합니다. 하지만 더 나은 직장으로 옮기려면 지금 다니는 곳에서 몇 년은 더 버텨야 하거나, 상대방이 응답하기를 기다리며 계속 통화대기 음악을 듣고 있거나, 오랫동안 기다리는 편지가 왔는지 매일 우편함을 확인하거나, 버둥거리는 아기를 자동차에 태워야 할 때는 어쩌지요?

'인내심'이란 일이 늦어지거나 어려움이 있거나 불편한 상황에서도 짜증을 내지 않고 대처하는 것을 말합니다. 상황은 통제할 수 없지만 인내심이 있으면 마치 자동차의 충격 흡수 장치처럼 상황에서 오는 충격으로부터 자신을 보호할 수 있습니다.

반면에 인내심이 없는 사람은 방해를 받았다거나 억울하다고 상황을 해석하여 좌절감, 실망, 짜증을 느낍니다. 그리고 억지를 부리지요. "상황아, 달라져라!" 하지만 뜻대로 되지는 않습니다(된다면 조바심을 낼 일이 없겠지요). 조바심이 나면 해로운 스트레스의 세 가지 요소, 즉 불쾌한 경험, 압박감이나 긴박감, 자제력 상실이 결합합니다(조바심이 나면 우선 지금 겪는 일이 불쾌한 일이 되고, 다급해지며, 자제력을 잃는 등 세 가지 '유독성' 스트레스가 한꺼번에 발생합니다).

타인에 대한 조급한 마음 속에는 은연중에 비판과 짜증이 들어 있는데, 사람은 누구나 이 두 가지를 피하려고 합니다. 다른 사람이 나에 대해 조급해 할 때 어떤 느낌이었는지, 내가 다른 사람에게 조바심을 낼 때 그 사람이 어떻게 반응했는지를 돌이켜보면 금방 이해가 될 것입니다.

조바심은 불만스러운 마음, 즉 현실에 대한 저항을 뜻합니다. 인내심은 상황이 대체로 괜찮다고 느끼는 자세로, 이런 태도를 가지면 쉽게 만족감을 느낄 수 있지요. 조급하면 화가 나고, 인내심이 있으면 마음이 평화롭습니다. 조급해지면 마음이 '잘못된 것'에만 집중되지만 인내심을 가지면 넓은 시각으로 큰 그림을 볼 수 있습니다. 조급해지면 불쾌감을 참지 못하지만 인내심을 가지면 신체적, 감정적 불편을 참고 견디기 쉬워집니다. 조급한 마음은 '지금 당장' 결과를 원합니다. 인내하는 마음은 당장 욕구가 충족되지 않아도 참고 견디며, 이에 따라 더 큰 성취감과 자존감을 맛볼 수 있습니다.

인내심은 피상적인 가치처럼 보이지만, 서로 뒤엉켜 있고 복잡하며 완벽하지도 않고 나를 중심으로 돌아가지도 않는다는 세상의 이치에 대한 깊은 통찰을 담고 있습니다. 인내심은 또한 욕망에 대한 훌륭한 가르침을 담고 있습니다. 뭔가를 바라는 것은 좋지만, 얻지 못하더라도 마음의 평온을 잃어서는 안 된다는 가르침입니다. 인내심은 강을 더 빨리 흐르게 할 수 없다는 사실을 압니다.

How 우선 다음 질문에 대해 생각해 보세요.

- 인내심을 가지면 어떤 느낌인가요? 조급할 때는 어떤 느낌이 듭니까?
- 인내심이 뛰어난 사람을 보면 어떤 느낌이 듭니까? 매우 조급한 사람을 보면 어떤 생각이 드나요?
- 조급한 마음이 들 때는 언제인가요?
- 인내심을 유지하는 데 도움이 되는 것은 무엇입니까?

힘든 상황에 처했을 때 다음과 같이 해보세요.

- 내가 옳다는 생각, 우월감, 고집 등 조바심을 일으키는 생각으로부터 한 발짝 물러서 보세요. 사람마다 문화마다 기준이 다르다는 점을 기억하세요. 진정으로 긴급한 일은 별로 없다는 사실도 상기하세요.
- 일이 지체되거나 원하는 대로 되지 않을 때 몸의 느낌이나 감정 상태를 인식하세요. 그 느낌과 감정에 휘둘려 성급하게 반응하지

말고 차분히 기다려 보세요. 몸의 긴장을 풀고, 지금 이 순간에 집중하면서, 난 지금 기본적으로 괜찮은 상태에 있다고 생각해 보세요.

- 인내심이 요구되는 상황에서는 시간을 낭비하고 있다는 느낌을 갖기보다는 주위를 둘러보고 아름다운 것을 찾아보는 등 보람찬 일을 찾아보세요. 몸의 긴장을 풀면서 호흡에 주의를 집중하고, 다른 사람들의 행복을 기원해 보세요. 마찬가지로, 어떤 상황에서 '기다린다'고 생각하지 말고 그 상황과 '함께 한다'는 생각을 해보세요. 그 순간을 즐기라는 뜻입니다.

- 누군가 앞을 가로막거나 계산대 같은 곳에서 시간을 너무 끌어도 이해하려는 마음을 가져보세요. 나의 경우 공공장소에서 사람들이 통로를 막고 서 있으면 짜증이 났는데 사실 그 사람들은 자신들의 행동을 전혀 인식하지 못하고 그렇게 한다는 사실을 최근에야 깨달았습니다.

- 대화를 할 때나 인간관계 전반에서 의식적으로 좀더 인내심을 가져보세요. 이렇게 하면 좀더 여유 있고 사려 깊게 상대방을 대할 수 있고, 말을 끊지 않을 수 있고, 상대방에게 말할 시간을 좀더 줄 수 있고, 사소한 일은 그냥 넘어갈 수 있습니다.

- 인내심을 키우는 방법 중에는 이런 것도 있습니다. 식사 등 일상의 활동을 할 때 몇 초 또는 몇 분쯤 기다렸다가 시작해 보세요.

- 갖가지 문제와 씨름하는 사람들에게, 그리고 진정한 행복을 원하는 나 자신에게 인내심을 선물로 주세요. 인생은 부드러운 풀과

뾰족한 가시가 공존하는 드넓은 들판과 같습니다. 조급함은 인생의 뾰족한 가시에 분노하는 것이고, 인내심은 신발(가시로부터 나를 보호해 줄)을 신는 것입니다.

24장 겸손

Why 겸손이란 남보다 못하거나, 만만하거나, 한 수 아래임을 뜻하거나, 자신을 감추는 행동이라고 생각하는 사람들이 있습니다.

하지만 겸손은 그 어느 것에도 해당되지 않습니다. 겸손이란 자신의 우월함을 내세우려는 극심한 경쟁에서 빠진다는 뜻일 뿐입니다. 자신을 드러내지 않고, 남들에게 자신을 부각시키지 않으며, 지위를 놓고 남들과 경쟁하지 않는다는 뜻입니다. 내 생각에만 빠져 있지 않는다는 뜻이지요. 얼마나 마음이 편안할까요?

'겸손하다'는 뜻의 영어 단어 'humble'은 라틴어로 'ground', 즉 '땅'을 뜻하는 단어에서 나왔습니다. 그러니까 겸손한 사람은 마치 대지처럼 굳건하고, 가식이 없으며, 소리 없이 가치를 창출하는 삶을 사는 사람이지요.

겸손은 굴욕이 아닙니다. 사실 느긋하게 겸손한 마음을 가지면 자신감이 생깁니다. 자신의 의도가 고결하다는 사실을 스스로 알고, 다른 사람들도 이런 의도를 가진 나를 도와주리라는 자신감 말입니다.

    대인관계에서 겸손한 마음을 가지면 편안해집니다. 겸손은 마치 활짝 편 손과 같아서, 나에게는 우월감, 멸시, 자기중심주의 같은 무기가 없음을 상대방에게 보여주는 것입니다. 내가 무한한 지혜를 가졌다는 생각이 없으므로 상대방도 쉽게 받아들일 수 있습니다. 그러면 사람들은 비판받는다는 느낌도 덜할 것이고, 방어적으로 행동하거나 나와 경쟁하려는 일도 적어질 것입니다. 애써 칭찬을 얻으려 하지 않으므로 자신의 타고난 가치를 더 잘 알게 되고, 따라서 남들도 내 가치를 더 잘 볼 수 있습니다. 칭찬에 관심을 덜 가질수록 더 많은 칭찬을 받는다는 뜻입니다.

    겸손은 곧 지혜를 의미합니다. 겸손하다는 것은 누구든, 심지어 가장 위대한 사람이라 할지라도 살아가는 데 사람, 기술, 문화, 자연, 햇빛, 생화학의 방대한 그물이 필요하다는 사실을 아는 것입니다. 명성은 곧 잊혀지게 마련이고 인간은 모두 한 줌 흙으로 돌아갑니다. 겸손은 이런 사실을 편안하게 받아들이는 데 도움을 줍니다.

How   건강한 겸손은 건강한 자존감에서 나옵니다. 겸손한 마음이란 부족하거나 무능하다고 느끼는 것이 아닙니다. 만약 자존감의 문제를 겪었다면, 시간을 두고 2장 '좋은 일 받아들이기'와 5장 '자신의 좋은 점 보기'의 수련을 통해 스스로의 좋은 특성에 대한 인식을 심화시키세요. 자존감을 가로막는 요인에 대해서도 주의를 기울이세요. 자존감을 가로막는 요인이 작용하면 과도한 자신감에 빠지거나, 명성을 자랑하거나, 우월함을 과시하려는 행동으로 부족한 자존감을 보상하려고 합니다.

겸손은 부당한 대우를 참는 것이 아닙니다. 필요할 때는 당당히 자기 목소리를 내고, 할 수 있는 일을 하세요. 언제든 내 생각을 주장할 수 있다면 경계심을 내려놓는 일도, 겸손한 마음을 갖는 것도 쉬워집니다.

겸손한 사람은 자신을 포함한 모든 존재의 행복을 기원합니다. 겸손하면서도 얼마든지 큰 꿈을 가질 수 있고(40장), 그 꿈을 실현하기 위해 노력할 수 있습니다. 겸손한 사람은 탁월함을 추구하는 것이지 명성을 좇는 것이 아닙니다.

자신의 겸손하지 않은 측면에 대해 솔직히 돌아보세요. 오만하거나, 허세를 부리거나, 자신을 과대포장하거나, 뭔가를 당연히 받을 권리가 있다고 생각한 적은 없었나요? 특히, 대인관계에서 겸손하지 못한 부분이 없는지 잘 살펴보세요. 남보다 한 발이라도 더 앞서려 하거나, 돋보이려고 하거나, 은연중에라도 상대를 무시하거나 깎아내리려고 하지는 않습니까? 다른 사람을 좀더 배려해 보세요. 자세를 낮추고, 논쟁에서 항상 이기려 하지 말고, 남의 말을 가로막지 말고, 남의 발언 시간까지 빼앗아 가면서 내 의견을 주장하지 마세요.

사람의 머릿속에서는 항상 자기중심적 생각이 이렇게 중얼거리고 있지요. "그 대목에서 정말 얘기 잘했어." "사람들이 그렇게 생각했으면 좋겠는데." "날 좀더 칭찬해 주지." "난 특별한 사람이고 싶어." 뇌에서 이런 생각을 관장하는 부분은 피질 꼭대기 중간에 있습니다. 이런 집착에서 벗어나 자기중심적인 생각에 빠지지 않고 있는 그대로 사람을 대하면 뇌의 다른 부분, 즉 머리 양 옆, 특히 오른쪽에 자리잡고 있는 부분이 활성화되기 시작합니다. 이 부분을 자극하고 따라서 겸손의 신경 기질을 강화하는 방법으로는 다음과 같은 것들이 있습니다.

- 어떤 상황과 그 상황 속의 내 모습을 큰 그림으로 보기
- 호흡의 과정을 하나로 느끼기. 대개의 경우처럼 호흡의 과정을 산발적으로 인식하는 것이 아니라 호흡 과정에 대한 모든 느낌을 하나의 형태로 인식하기

지구적인 차원에서 자신의 겸손함을 평가해 보세요. 혹시 내 정치관, 내가 속한 국가, 내 영성이 다른 사람보다 우월하다는 믿음이 있지 않습니까? 지구의 자원을 소비하는 행위를 겸손의 차원에서 생각해 보세요. 뭔가 바꿔야 할 부분은 없나요?

겸손에 대해 생각하면서 겸손이 가져다주는 보상을 인식하세요. 겸손으로 인해 매일매일의 삶이 단순해지고, 다른 사람과의 마찰이 줄어들고, 마음에 평화가 찾아옵니다.

25장 잠시 멈추기

Why 아이를 대상으로 자제력을 강화시키는 심리치료를 할 때 가끔 나는 아이들에게 브레이크 없는 자전거를 타고 싶지 않은지 묻습니다. 아무리 기운이 넘치는 아이에게 물어도 대답은 항상 '노'입니다. 브레이크 없는 자전거 타기는 지루하거나 결국 사고가 나리라는 걸 알기 때문이지요. 역설적이지만 브레이크가 있기 때문에 마음 놓고 빨리 달릴 수도 있고 자전거 타기가 즐거운 것입니다.

인생에서도 마찬가지입니다. 직장에서 안 좋은 소리를 듣거나, 화가 난 배우자를 상대하거나, 한바탕 퍼붓고 싶은 욕구가 치밀어 오르거나, 나중에 큰 대가를 치러야겠지만 지금 당장 욕구를 충족하고 싶을 때, 잠시 브레이크를 걸고 '일시정지' 할 수 있어야 합니다. 그렇지 않다면 어떤 식으로든 충돌하게 됩니다.

뇌는 흥분과 억제, 즉 가속 페달과 브레이크가 함께 작동하면서 돌아갑니다. 뇌에서 억제를 담당하는 뉴런은 전체의 10퍼센트에 불과하지만 이들이 제 기능을 발휘하지 않는다면 사람의 뇌는 멈춰버리고 말 것입니다. 과도한 자극을 받은 뉴런은 소멸하며, 발작은 걷잡을 수 없는 자극의 결과물입니다.

일상생활을 할 때 잠시 멈추면 여유가 생깁니다. 다른 사람이 자유롭게 의견을 말하도록 허용하는 여유, 상황을 정확히 판단하고 차분하게 집중해서 우선순위를 파악하고 적절한 대응을 구상할 여유, 뜨겁게 흥분한 감정에 차가운 이성을 불어넣을 여유, 냉정한 입장을 따뜻한 마음으로 누그러뜨릴 여유, 마음 속의 착한 천사가 날개를 펼칠 수 있는 여유가 생깁니다.

How 아무 것도 하지 않고 가만히 있어 보세요. 인간은 끊임없이 무언가를 하는 습관에 빠져 있습니다. 가끔씩 그냥 가만히 있기만 해보세요.

하루에 몇 번쯤, 하던 일을 멈추고 몇 초 정도 자신의 내면을 가만히 느껴보세요. 큰 방에 있는, 오랫동안 닫아두었던 벽장을 가끔 환기시키듯, 몇 초 동안의 여유를 즐기세요. 이렇게 내면의 상태를 수시로 파악하세요.

일상적인 활동을 할 때, 하기 전에 잠깐 동안 그 순간을 온전히 느껴보세요. 식사를 할 때, 차의 시동을 걸 때, 이를 닦을 때, 샤워를 할 때, 전화를 받을 때, 잠시 멈춰보세요.

상대방의 이야기가 끝나자마자 바로 내 생각을 말하기 전에 좀더 시간 여유를 가진 다음 얘기해 보세요. 상대방이 한 말의 중요성, 한 걸음 더 나아가 그 사람 마음 속의 소망과 느낌 등을 제대로 가늠해 보세요. 이렇게 잠깐 멈추는 것이 나에게 어떤 효과를 가져오는지, 또 나를 대하는 상대방의 태도에도 어떤 효과를 일으키는지 살펴보세요.

대화가 아슬아슬해지거나 과열되면 템포를 늦추세요. 상대방이 기관총 쏘듯 계속 쏘아붙여도 내 쪽에서 나름대로 속도를 늦출 수 있습니다. 상대방의 말에 약오르지 않도록 의식적으로 노력하면서 몇 초 정도, 아니면 그 이상 침묵을 지킨 후에 대답을 하거나, 좀더 신중하게 말하세요.

필요하다면 나중에 이야기하자고 말하면서 대화를 완전히 중단하세요. 타임아웃을 선언하는 것입니다. 아니면 마지막 방법으로, 지금은 더 이상 할 말이 없으니 나중에 이야기하자고 하고 대화를 끊으세요. 대화를 끝내기 위해 상대방의 허락을 받아야 하는 인간관계는 거의 없습니다. 대화(논쟁으로 발전했을 수도 있는)를 중간에 끊는다 하더라도 대화를 재개할 적절한 시기만 제시하면 결과는 좋아질 확률이 높습니다.

술이나 약에 취하거나, 신용카드로 비싼 물건을 사거나, 화난 심정을 그대로 담아 이메일을 보내거나, B에게 A의 뒷담화를 하는 등 나중에 문제가 될 행동을 하기 전에 잠시 멈추고 그 결과를 한번 예측해 보세요. 좋은 점, 나쁜 점, 추한 점을 모두 생생하게 머리에 떠올려 보라는 뜻입니다. 그리고 나서 어떻게 할지 선택하세요.

마지막으로 매일 1분 이상 완전히 멈추세요. 그냥 앉아서 긴장을 풀고 호흡을 합니다. 이런저런 생각과 느낌이 떠오르면 그 생각과 느낌을 쫓아가지 말고 그냥 흘러가게 내버려 두세요. 어디에 갈 필요도 없고, 아무 일도 할 필요 없고, 특별히 어떤 사람이 될 필요도 없습니다. 아무것도 하지 말고 존재 속으로 빠져드세요.

26장 통찰

Why 통찰이란 말은 자신을 이해한다는 뜻입니다. 특히 마음이 어떻게 반응하는지를 이해하는 것입니다.

힘든 하루를 보내고 집에 왔는데 아내가 날 안아준 다음 지나가는 말처럼 이렇게 묻습니다. "계란 사 왔어?" 아침에 계란 얘기는 하지 않았기 때문에 난 계란이 필요한지 몰랐습니다. 나는 갑자기 짜증이 나고 몸이 긴장되면서 약간 슬퍼집니다. 왜 이런 반응을 일으키는 걸까요?

아무렇지도 않은 아내의 계란 이야기, 즉 '자극'이 짜증과 긴장, 슬픔이라는 '반응'을 유발했습니다. 이런 반응을 유발한 것은 내 마음 속에서 몇 가지 요소가 작용했기 때문입니다. 대단히 자애로운 분이셨지만 흠이나 결점을 잘 들추는 어머니 밑에서 자란 탓에 타인의 비난에 민감한 성향, 그리고 집안일을 충분히 하지 않는다는 죄책감, 스트레스 등이 작용한 것입니다. 이런 요인이 사라지면 속상한 마음도 사라지겠지요.

약간 짜증나거나 걱정스러운 상황을 한번 떠올려 보세요. 그런 상황에서 여러분은 어떻게 반응하며, 왜 그런 식으로 반응합니까? 스트레스, 피로, 개인의 기질, 특정 상황에 대한 자의적 해석, 관련된 사람들과의 과거사, 유년 시절의 영향 등을 생각해 보세요.

누구나 그렇듯이 반응은 마음 속의 원인에서 옵니다. 따라서 그 원인을 바꾸면 반응도 좋은 쪽으로 바꿀 수 있습니다.

- 마음이 사물을 어떻게 인식하고 있는지, 어떤 감정을 부추기고 있는지를 파악하면 반응을 바꿀 수 있습니다. 때로는 마치 악몽에서 깨어나듯이 순식간에, 극적으로 바꿀 수 있습니다.
- 시간을 두고 노력하면 자신의 행복과 인간관계, 능률을 갉아먹는 정신적 요소들을 점차적으로 바꾸어 나가거나 더 잘 통제할 수 있습니다.

How 반응을 유발하는 외부 요인에 집중된 관심을 내면에 있는 원인으로 돌려보세요. 가령 누군가 내게 어떤 얘기를 했다면 그 얘기 자체에 관심을 집중하지 말고 그 사람의 말을 내가 어떻게 해석하는지, 말한 사람에게 다른 의도가 있다고 판단했는지, 아니면 그 사람과 예전에 있었던 일 때문에 특별히 발끈한 것은 아닌지 생각해 보세요.

마음에는 넓은 저택처럼 안락한 서재도 있고 벽장도 있고 어둠침침

한 지하실도 있습니다. 통찰력은 넓은 저택을 탐색하여 닫힌 문을 열어 보고 그 안에 있는 것을 이해하려 합니다. 때로는 보물 상자를 발견하기도 하고 때로는 냄새 나는 낡은 신발을 발견하기도 하지만, 대개는 자신의 타고난 선함, 진실된 노력, 자애심과 같은 보물을 발견하게 되지요.

그럼에도 불구하고 통찰력이 저택, 특히 지하실을 둘러보기를 두려워한다면 다음과 같은 방법이 도움이 될 수 있습니다.

- 통찰의 이점을 떠올리세요. 예를 들어 나는 대단히 독립적인 성격이라 나를 통제하는 주된 요소(가령 유년 시절에 생긴 믿음)는 사실 내 머릿속에 든 생각일 뿐이라는 사실을 상기합니다. 그 점을 이해하면 나를 통제하는 요소의 영향력이 줄어들지요.
- 어두운 길을 함께 걸어가는 친구처럼 나를 아끼는 사람과 함께 있는 느낌을 떠올려 보세요. 알코올 중독자 치료 모임에서 흔히 얘기하듯이 "마음은 위험한 이웃입니다. 혼자 다니지 마세요."
- 마음 속에서 어떤 것을 발견하든 좋다 나쁘다 판단하지 마세요. 그건 '내'가 아닙니다. 단지 마음 속의 방에서 떠오르는 감정, 느낌, 생각, 욕구일 뿐입니다. 자신을 비판하기보다 있는 그대로 받아들이고, 부끄러워하기보다 연민의 마음을 가지세요. 사람은 누구나 마음 속에 사나운 호랑이가 있습니다. 마음 속은 험한 정글이지요.

바로 위에서 제시한 방법을 이용하여 자신의 내면을 탐색해 보세요. 이제 마음 속에 있는 것을 느낀 후 다음 질문에 대답해 보세요.

- 분노나 자기 합리화처럼 단단하고 방어적인 감정 밑바닥에 있는 좀더 여리고 부드러운 감정(상처, 슬픔, 공포 등)은 무엇인가요?
- 마음 깊은 곳에서 진정으로 원하는 것은 무엇입니까? 자꾸 불안한 생각을 곱씹는 행동의 뿌리에는 안전한 상태를 원하는 정상적인 욕망이 있는 것처럼, 나쁜 행동 이면에 있는 진정한 욕망은 무엇입니까?
- 어렸을 때의 경험이지만 현재까지 영향을 주는 것이 있습니까? (나는 학교 다닐 때 종종 또래집단에서 소외되었기 때문에 실제로는 그렇지 않은데 지금도 가끔 집단에서 아웃사이더 같은 느낌이 듭니다.)
- 지위나 목표, 심지어 특정한 말 등 집착하는 대상이 있습니까? 어떤 사람이 날 사랑하는 것 등 내가 통제할 수 없는 것을 통제하기 위해 노력하는 일이 있습니까?
- 자신의 성별이 반응에 영향을 주고 있나요? 기질이나 문화적·인종적 배경, 성격은 어떻습니까?

어떤 상황이 발생하면 앞에서 제시한 방법들을 써서 그때그때 스스로를 동찰할 수 있습니다. 비판에 민감한 것, 인정받고 싶은 마음, 부모님과의 갈등, 좋은 관계를 만들기 위한 노력 등 특정 문제에 대해서도 이 방법들을 사용할 수 있습니다.

　마음 속에서 무엇을 발견하든 느긋하게 열린 마음으로 받아들이세요. 자신에게 도움이 되든 되지 않든 그것은 마음의 저택에 있는 가구일 뿐입니다.

27장 의지

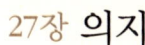 인생은 도전입니다. 도전에 맞서려면 어려움을 헤쳐 나가고, 다른 사람에게 도움을 청하고, 건강한 욕망을 추구하며, 필요한 순간에 힘든 일도 해야만 합니다. 즉 의지가 필요하지요.

사람들은 대개 의지(will)를 의지력(willpower)과 동일시합니다. 의지력은 헬스클럽에서 역기를 마지막으로 한 번 더 힘껏 들어올리는 것처럼 목표를 갖고 격렬한 노력을 쏟아붓는 것을 말합니다.

하지만 의지는 더 큰 개념입니다. 어머니가 가족을 보살피는 데 모든 것을 바치는 것처럼 '헌신'의 차원입니다. 의지는 목표에 자신을 던지는 것이며, 그 목표는 나를 이끌어 앞으로 나아가게 하지요. 이런 의지가 있을 때는 고집에 의해 억지로 떠밀려 나아간다기보다 긍정적인 기운이 앞에서 자신을 끌고 가는 느낌이 듭니다. 쫓겨서 전진하기보다 의지의 힘에 정복되어 나아가는 것입니다.

How 자신이 품은 최고의 목표가 삶을 움직이는 원동력이 된다는 것은 어떤 의미일까요? 그 대답을 제시하기 위해 나는, 붓다가 파악한 대단히 헌신적인 사람의 네 가지 특징을 여기서 인용하고자 합니다. 헌신적인 사람은 열정적이고, 의지가 굳고, 부단히 노력하고, 마음을 챙기는 특징이 있습니다. 친밀한 관계에서 더 용감해지기, 목표한 학업 마치기, 집안일 적절히 하기, 다이어트 꾸준히 하기 등의 중요한 목표에서, 이 네 가지 특징이 어떻게 강한 의지를 발휘하게 하는지 한번 생각해 보세요.

열정이란 진심으로, 열광적으로, 그리고 간절히 바라는 것입니다. 무심하고, 기계적이고, 고집스러운 것이 아닙니다. 예를 들어, 사람은 왜 삶의 특정한 부분에서 일어나는 일에 그렇게 '신경을 쓰고', 그 일을 그렇게 '중요하게' 여길까요? 자신의 목표와 행동에 대해 진심과 열정을 품어보세요.

굳은 의지는 오로지 목표에 집중하여 흔들리지 않는 마음을 의미합니다. 사랑하는 사람을 지켜주었을 때 느꼈던 절대적인 단호함을 떠올려 보세요. 가슴 속에서 단단한 그 무언가가 느껴지고, 온몸의 세포 하나하나가 하나의 목표를 향해 움직이는 느낌이 들었을 것입니다. 이 느낌을 잘 이해하면 삶의 특정 부분에 적용할 수 있습니다. 유혹에 직면했을 때, 가령 모임에서 맛있는 도넛이 나왔을 때 단호하게 '노'라고 하는 자신을 상상해 보세요. 그리고 그때의 좋은 느낌을 깊이 새기세요.

매일 아침 자신의 결의를 새롭게 느끼고, 하루 종일 결의가 이끄는 대로 행동하세요.

근면함은 성실하고 철저함을 의미합니다. 근면함을 힘들고 따분한 일로 생각해서는 안 됩니다. 죄책감이나 충동 때문에 근면하게 행동해서도 안 됩니다. 더 높은 목표를 이루기 위해 주춧돌을 놓는 것을 '사랑'('diligence'의 라틴어 어원은 '열렬히 사랑한다'는 뜻)하고 또 이로부터 기쁨을 느끼기 때문에 근면하게 행동하는 것입니다. 열렬함과 단호함이 있어도 근면함이 받쳐주지 못하는 경우가 많습니다. 그럴 때 다음의 방법으로 도움을 얻을 수 있습니다.

- 노력하는 이유를 잊지 마세요. 노력에 따르는 보상의 느낌을 마음에 새기세요. 좋은 목적을 위해 최선을 다하고 있으며 그런 떳떳함과 당당함에서 오는 더없는 행복을 누릴 자격이 있음을 스스로 인식하세요.
- 원대한 목표를 매일 실천할 수 있는 작은 일로 바꾸어 보세요. 목표에 압도되지 않도록 하세요.
- 목표를 향해 계속 전진하는 데 도움이 되는 체계와 규칙적인 일상, 함께 할 동지를 찾으세요.
- 현재 상황에 대해 스스로에게 솔직하세요. 원래 의도했던 일을 하고 있습니까? 그렇지 않다면 스스로 인정하세요. 그런 다음 다시 시작하세요. 진심으로 헌신할 목표를 다시 찾아서 무엇을 해야 하

는지 파악하고 그 일을 실천하세요.

마음을 챙긴다는 것은, 자신이 의지로 충만한 상태인지 태만한 상태인지 인식한다는 것을 의미합니다. 자신의 내면세계, 즉 의지를 꺾는 정신적 요소(자기 회의, 무기력, 주의산만 등)와 의지를 더욱 타오르게 하는 정신적 요소(열정, 힘, 투지, 끈질김)를 인식하는 것입니다. 낡아빠진 목적이나, 노력을 기울일 가치가 없는 잘못된 목적에 사로잡혀 의지를 발휘하고 있는 것은 아닌지 인식하는 것이지요. 마음을 잘 챙기고 있으면 최고의 목표를 향한 경로에서 벗어나지 않도록 능숙하게 방향을 수정할 수 있습니다.

마지막으로, 의지를 즐기세요. 의지를 발휘하다 보면 자칫 엄격해질 수 있습니다. 하지만 명랑하면서도 강한 의지를 유지할 수 있습니다. 의지 속의 '힘'과, 의지가 가져다주는 '열매'를 즐기세요.

28장 쉼터 찾기

Why 하와이에 갔을 때 나는 아내 잔과 함께 '피신처'를 찾아간 적이 있습니다. 피신처는 생명에 위협을 느끼는 사람들이 몸을 숨기는 곳이지요. 비슷한 관습은 세계 도처에 존재하며, 중세 유럽에서는 성당에 몸을 숨기고 보호를 받기도 했습니다.

형태는 좀 다르겠지만 인간은 모두 도전과 슬픔으로부터, 그리고 가끔씩 미쳐 돌아가는 세상으로부터 한숨 돌리고 안식을 찾을 쉼터가 필요합니다. 그렇지 않으면 인생의 모진 찬바람에 너무 노출되고 반복되는 일상에 진이 빠지게 됩니다. 쉼터가 없으면 얼마 안 가서 완전히 소진된 듯한 느낌이 들 것입니다.

쉼터는 사람, 장소, 추억, 생각 등 안전하고 든든하게 나를 보호해 주는 것이면 무엇이든 가능합니다. 마음을 편안하게 해주고 기운을 북돋워주는 쉼터에서 우리는 평소의 경계를 풀고 힘과 지혜를 다시 모을 수 있습니다.

쉼터는 침대에서 몸을 웅크리고 좋은 책을 읽거나, 친구들과 식사를 하거나, 다음 날 해야 할 일의 목록을 만드는 것도 포함됩니다. 할머니를 기억하거나, 몸 안에서 힘을 느끼거나, 과학적 발견을 믿거나, 신뢰하는 친구나 카운슬러와 얘기하거나, 믿음을 가지거나, 부자는 아니지만 경제 형편이 그럭저럭 괜찮다는 점을 상기하는 것이 될 수도 있습니다.

종교적 장소나 문헌, 종교인, 종교적 가르침, 종교 의식, 종교와 관련된 물건, 종교 의식을 위한 모임 등 종교와 관련된 것도 좋은 쉼터가 될 수 있습니다.

개인적으로 내가 좋아하는 쉼터는 '수련' 그 자체입니다. 바로 이 책의 주제이기도 하지요. 수련을 하면 기분이 좋아져서 내가 꾸준히 노력하면 조금씩 더 행복해지고 사랑이 넘치는 사람이 될 수 있다는 확신이 생깁니다.

여러분의 쉼터는 무엇입니까?

How 적어도 몇 개 정도 쉼터의 목록을 종이에 적거나 마음 속으로 생각해 보세요. 그리고 매일 잠깐 동안 그 쉼터에서 의식적으로 마음의 안식을 취하세요.

쉼터를 이용하는 방법은 여러 가지가 있습니다.

- 쉼터를 찾는다.
- 쉼터에 다녀온 느낌을 떠올린다.
- 스스로가 쉼터가 된다.
- 삶 속에서 쉼터가 함께 하고 있음을 인식한다.

쉼터가 이미 내 안에 존재하며, 생활 속에서 언제든 쉼터에 다녀올 수 있다는 데 생각이 미친 것은 내게 큰 돌파구였습니다. 이런 식으로 안식을 취하면 건강하고 밝은 힘에 자신을 맡기는 것이고, 그 힘이 나를 이끌어 앞으로 나아가게 합니다.

마음 속에서 이렇게 분명히 말하면서 안식을 취할 수도 있습니다.

"나의 쉼터는 _____ 이다."

"나는 _____ 쉼터에 머무른다."

아니면 아무 말 없이 그냥 쉼터를 느껴보세요. 안전하고, 든든하고, 집에 온 듯한 느낌을 느껴보세요.

그런 다음 나름대로의 방식으로 반복해서 자신만의 쉼터에서 안식을 취하세요. 매일, 생각날 때마다 이 수련을 실천하세요. 기껏해야 몇 분 정도밖에 걸리지 않습니다. 막히는 도로 위에서나 회의 중에도 할 수 있습니다.

일단 안식을 취했으면 좋은 느낌과 생각이 내면 깊숙이 스며들어 온 몸으로 퍼져나가 내 존재를 가득 채우는 것을 느껴보세요. 이 느낌은 내가 어디를 가든 함께 할 힘의 원천과 내면의 빛이 됩니다.

29장 두려운 경험 극복하기

Why 어릴 때 어떤 일을 겪었거나 다른 사람이 겪는 것을 본 적이 있다면 우리는 미래에 비슷한 상황이 닥쳤을 때 어떤 기분이 들지 '예상'할 수 있습니다. 이런 예상을 바탕으로 사람은 특정한 '반응'을 형성합니다. 기쁨을 얻기 위해서는 이렇게, 고통을 피하기 위해서는 저렇게 하지요. 그리고 성인이 된 후의 경험도 예상과 반응에 추가적인 영향을 줍니다.

결국 다음과 같은 연쇄반응이 하루에도 수없이 나를 포함하여 모든 사람의 내면에서 일상적으로 일어납니다. 대개 몇 초 내의 짧은 시간에 종종 무의식적인 형태로 말이지요.

첫째, 마음 속에서 어떤 감정이나 욕구가 떠오르며 그것을 표출하고 싶어진다.

둘째, 감정이나 욕구를 표현하면 감정적 고통(미묘한 불편함에서 극도의

트라우마까지)을 경험할 것이라는 예상을 하게 된다. 이 고통은 곧 '두려운 경험'이다.

셋째, 이러한 예상이 들면 두려운 경험을 피하기 위해 처음 떠올랐던 감정이나 욕구를 억압한다.

예를 들어, (1) 누군가로부터 더 관심을 받고 싶지만 (2) 어린 시절 상처받은 경험 때문에 욕구를 드러내는 데 신중하게 되었고, 그 결과 (3) 소심해져서 아무 것도 요구하지 못합니다.

잠시 시간을 내어 이러한 연쇄반응(자기 표현의 욕구 생성 → 관련된 예상 → 반응 억압)이 마음 속에서 어떻게 일어나는지 살펴보세요. 몇 가지 예를 들어보겠습니다.

- (1) 누군가와 감정적으로 또는 육체적으로 가까워지고 싶지만 (2) 가까이 다가가면 거절당할 위험이 있으므로 (3) 거리를 두는 행동을 취한다.
- (1) 슬픔이나 분노 등 마음 속에서 어떤 감정이 생기지만 (2) 감정을 겉으로 표현하는 것은 좋지 않다는 유년 시절의 경험 때문에 (3) 대화의 주제를 바꾸거나, 농담을 하거나, 그 감정을 외면한다.
- (1) 직장에서 새로운 목표를 세우거나, 곡을 쓰거나, 정원에 나무를 심는 등 어떤 일을 하고 싶은 욕구가 생기지만 (2) 괜히 위험을 자초해서 실패하거나, 외면당하거나, 비웃음을 사거나, 수포로 돌

아갈까봐 두려워서 (3) 꿈을 하루 더 미룬다.

이런 반응이 합리적인 경우도 있습니다. 가령 (1) 상사에게 '엿 먹어'라고 말하고 싶은 욕구가 치밀어 오르지만 (2) 그랬다가는 대단히 곤란한 상황에 처할 거라는 예상을 하고 (3) 아무 말도 하지 않는 것입니다.

하지만 나를 포함한 대부분의 사람들에게 고통에 대한 예상은 비합리적인 경우가 많습니다. 뇌의 부정적 성향 때문에, 자기 표현을 해서 나쁜 결과가 생길 가능성과 실제로 나쁜 일이 생겼을 때 느낄 고통의 정도를 모두 과대평가하는 것입니다. 뿐만 아니라 자기 표현에 가장 큰 영향을 미치는 내면 깊은 곳의 이러한 예상은 어린 시절에 형성된 것이기 때문에 구체적이고, 단순하고, 쉽게 바뀌지 않습니다. 물론 어른이 된 지금은 보다 추상적이고, 복잡하고, 유연하게 생각할 수 있지만 말입니다. 또한 이러한 내면의 예상은 가족이나 친구 등 특정인과의 경험 때문이거나, 내면의 힘과 능력이 거의 없었을 때, 극심한 고통을 느꼈을 때의 경험 때문인 경우가 많습니다. 반면 어른이 된 지금은 인간관계에서 훨씬 더 선택의 여지가 많고, 자기 주장이 뚜렷해지고, 돈을 비롯한 여러 가지 자산이 많으며, 고통에 대처하는 능력도 훨씬 뛰어나지요.

이런 비합리적인 예상은 불필요하게 고통스러운 반응을 낳습니다. 내적으로 무감각해지고, 입을 꼭 닫고, 사람과의 관계에서 소극적이고,

거리를 두고, 꿈을 접어버리지요. 금기와 통제 속에 있으면 점점 위축되듯, 두려운 경험은 사람을 꼼짝 못하게 가둬버리고, '모험하지 마, 조용히 살아'라며 억압하고 통제합니다. 대개의 경우 사람들은 자신도 모르는 사이에 이런 대가를 치르며 살아갑니다. 대안은 무엇일까요?

두려운 경험을 극복하고 결실을 거두는 것입니다. 예를 들어보겠습니다.

- (1) 친밀한 사람에게 뭔가 바라는 일이 있습니다. (2) 그것을 말하기가 불편하지만 상대가 잘 받아들일 수도 있고, 만약 그렇지 않다 하더라도 크게 문제될 건 없다는 사실을 압니다. 따라서 (3) 결국 실망할 수도 있겠지만 그런 위험을 무릅쓰고 내 생각을 얘기하기로 합니다. 약간의 혼란은 있었지만 대체로 잘 해결됩니다.

- (1) 상사가 내 능력을 제대로 인정하지 않는다는 느낌이 들지만 (2) 상사를 보면 어릴 때 비판적이던 아버지가 떠오르고, 상사에게 좀더 어렵지만 흥미로운 업무를 맡겨달라고 했다가 예날에 그랬던 것처럼 마음만 다치고 하찮은 인간처럼 느껴질까봐 두려운 마음이 듭니다. 그래서 꼼꼼하게 계획을 세우고 상사의 마음에 들 만한 프로젝트를 찾습니다. 그리고 상사가 나를 무시할 경우 마음을 추스를 수 있도록, 사람들이 나를 알아봐 주고 높이 평가해 주었던 긍정적인 경험을 몇 번이고 몇 번이고 마음 속에서 떠올립니다. (3) 모든 준비를 끝낸 다음 자신 있고 당당하게 상사에게 갑니

다. 이런 태도는 성공 확률을 높입니다.
- (1) 사업을 시작하고 싶습니다. (2) 실패하면 바보처럼 보일까봐 걱정되지만 사람들은 대부분 기업가적인 정신을 가진 사람을 존경한다는 점을 떠올립니다. (3) 그래서 사업을 시작하고 최선을 다하며 어떤 결과가 오든 담담하게 받아들입니다.

How 우선 (1) 자기 표현, (2) 고통 예상, (3) 억압의 일련의 과정이 마음 속에서 어떻게 진행되는지 잘 관찰하세요. 이 단계가 가장 중요합니다. 그래서 이 부분에 대한 설명이 다소 길었습니다. 상황이 벌어진 후에 돌아보면서 자주 느꼈겠지만, 어떤 상황에서 자신이 보였던 반응, 즉 연쇄반응의 3단계를 돌이켜보면 그 반응이 느낌과 생각을 표현하는 것을 차단해 버렸음을 알 수 있습니다. 즉 사람들이 보이는 대부분의 반응은 두려운 경험을 피하기 위한 전략이며 이 전략은 무의식적인 경우가 많습니다.

다음 단계로, 예상을 무시해 보세요. 부정적인 예상이 정말 현실로 일어나던가요? 능숙하게 감정과 욕구를 표현하면 대개 좋은 결과를 낳는다는 사실을 잊지 마세요. 현명하고, 단호하고, 격려를 아끼지 않는 수영 코치가 처음 풀장에 뛰어드는 사람에게 얘기하듯이 여러분 자신에게 얘기하세요. "다른 사람들도 다 한 거야. 그 사람들도 괜찮았고 너도 그럴 거야. 넌 충분히 해낼 능력이 있어. 그래, 완벽하지는 않을 거고 좀 거북할 수도 있지만 넌 괜찮을 거야. 너 자신을 믿어봐."

이제 자신만의 안전지대를 벗어나 의도적으로 '계산된' 위험을 무릅쓰세요. 우선 자기 표현이 나쁜 결과를 가져올 가능성이 적은, 쉬운 상황부터 시작해 보세요. 나쁜 결과가 생긴다 해도 약간 언짢은 정도에 불과합니다. 그런 다음 점차 난이도를 높여 보다 상처받기 쉽고 힘겨운 자기 표현을 시도해 보세요. 그렇게 하다 보면 놀라운 해방감이 마음속에서 싹틀 것입니다. 두려운 경험에 위축되는 일도 줄어들고 두려운 경험을 피하려고 날개를 접는 일도 줄어들 것입니다. 자기 표현을 했는데 실제로 고통스러운 결과를 가져왔다면, 나는 이 고통을 감당할 수 있고 고통이 곧 끝날 것임을 인식하고, 그 경험에서 얻은 적절한 교훈을 그대로 흡수하세요(친구에게 고백하는 것은 현명하지 않습니다). 자기 표현을 적극적으로 하고 거기서 훨씬 더 큰 기쁨을 얻기 위해 가끔 어느 정도의 고통은 감수할 가치가 있다고 생각하면 됩니다.

마지막으로, 위험을 무릅쓰고 자기 표현을 했는데 그 결과가 괜찮았을 때(대개 그렇습니다)의 기분을 마음 깊이 새기세요. 부정적인 예상이 빗나갔을 때, 또 두려워했던 사건이 일어났지만 예상했던 것만큼 그렇게 고통스럽지 않았을 때는 그 경험을 마음 속에서 크게 부각시키세요. 자신을 표현할 때 느끼는 만족감이 마음 속 깊이 스며들게 하세요. 용기 있게 물에 뛰어들어 쟁취한 건강한 자부심과 자존감을 느껴보세요.

30장 집착 없이 열망하기

Why 산다는 것은 목표를 추구하는 것입니다. 건강한 이기심과 자신에 대한 친절한 마음으로, 안정과 성공, 편안함과 기쁨, 창조적 표현, 심신의 건강, 사람과의 교류, 존경, 사랑, 자아실현, 영적 발전을 추구하는 것은 자연스러우며 좋은 일입니다.

문제는 스트레스와 투지, 즉 '집착'을 가지고 목표를 향해 나아갈지, 아니면 외적으로는 열심히 노력하는 한편 내적으로는 평화로움을 유지하면서 목적지가 어디든 목적지를 향한 여정 자체에서 즐거움을 느끼며 나아갈지, 즉 '열망'을 가지고 목표를 향해 나아갈지의 여부입니다.

나는 오랜 친구인 밥과 일주일 정도 암벽 타기를 하러 콜로라도 주 볼더에 갔을 때 집착과 열망의 차이를 분명히 확인했습니다. 가이드인 데이브는 우리에게 목표를 물었고 나는 일주일이 끝날 때쯤에는 5.11(가파르기 난이도)을 타고 싶다고 했지요. 당시 나는 5.8도 겨우 타는 수준이었습니다. 밥은 나를 빤히 쳐다보고는 미친 짓이라며 결국 좌절하고 실망할 거라고 말했습니다(밥은 상당히 투지가 강하고 뒤지는 것을 싫어합니다). 그러나 나는 하겠다고 했고, 결과에 상관없이 나로서는 이기는 게임이라고 대답했습니다. 목표가 너무 높기 때문에 실패하더라도 부끄럽지 않을 것이고, 만에 하나 성공한다면 정말 신나는 경험이 될 테니까요. 나는 일주일 동안 열심히 연습했고 꾸준히 나아졌습니다. 5.8, 5.9, 쉬운 5.10, 어려운 5.10⋯⋯. 마침내 마지막 날, 나는 데이브와 함께 확실한 5.11 암벽 타기에 무사히 성공했습니다. 만세!

집착의 한가운데에는 넓은 의미의 '갈망'이 있습니다. 갈망은 가벼운 고통에서 극심한 고통까지 다양한 고통을 유발합니다. 집착이 있으면 채찍을 휘둘러 말을 흥분시켜 달리게 하는 것처럼 한동안은 효과적인 자극이 되겠지만 장기적으로는 역효과를 낳아 결국 말이 쓰러지고 말지요.

반면, 결과에 연연하지 않고 목표를 향해 열심히 노력하는 '열망'은 기분이 좋고, 남들의 시선을 걱정하지 않고 도전하는 데 도움이 됩니다. 역설적이지만, 목표를 가벼운 마음으로 보면 성취할 확률이 높아지고, 집착을 하고 그래서 실패를 두려워하면 최고의 능력을 발휘하기 어렵습니다.

중요한 목표를 향해 매진하는 일 따위 없이 평생 그저 소파에 앉아 지낸다면 집착의 함정에 빠지는 일은 피할 수 있습니다. 하지만 직장, 친밀한 관계, 가족, 봉사하려는 마음, 예술, 영적 소명이 있다면 열망을 가슴에 품고 목표를 향해 나아가야 합니다.

How 열망은 '좋아함'이며, 집착은 '원함'입니다. 이 두 가지 감정은 뇌에서 각각 다른 부분이 관여합니다. 유쾌한 것을 좋아하고 불쾌한 것을 싫어하는 마음은 정상이며 문제가 되지 않습니다. 그런데 즐거운 것은 계속되고 불쾌한 것은 끝나기를 원하면 갈망과 긴장이 생기고 그로 인해 고통을 받으면서 문제가 생기는 것입니다. 그러므로 자신의 몸, 감정, 태도, 생각에서 좋아함과 싫어함의 차이를 인식할 수 있어야 합니다. 좋아하는 느낌은 활짝 열려 있고 편안하고 유연한 반면, 원하는 느낌은 긴장되고 수축되고 한 곳에 집중되는 느낌일 것입니다.

이제 원함으로 빠지지 않고 좋아함의 상태를 유지하도록 해보세요.

- 익숙한 원함과 갈망의 느낌이 들 때, 특히 마음 저편에서 원함과 갈망이 슬그머니 일렁일 때 마음 속에서 작게 경보를 울리세요. 비상! 주의!
- '꼭 해야 한다'는 느낌을 버리세요. 특별히 어떤 목표를 성취하지 않더라도 내 삶은 지금 이대로 큰 문제는 없으며 앞으로도 그럴 것이라고 생각해 보세요. 부족함이나 결여된 부분이 아니라 충만한 부분에서 결과를 찾으려고 하세요.
- 열정적으로 활동하면서도 비교적 평화로운 상태를 유지하려고 노력하세요. 격렬함, 긴장, 공포, 분노는 모두 강력한 원함을 자극하기 때문입니다.

- 특정한 결과를 얻겠다는 집착을 버리세요. 내가 할 수 있는 건 원인을 보살피는 것일 뿐이며 결과는 어쩔 수 없다는 점을 잊지 마세요(37장).
- '나'에 대한 인식을 최소한으로 하세요. 성공이나 실패의 요인은 수없이 많으며 그 중에 내가 통제할 수 있는 것은 겨우 몇 개 정도에 불과합니다. 이기든 지든 개인의 문제로 받아들이지 마세요.

목표를 향해 맹렬히 돌진하지 않으면 겁쟁이라는 일반적 생각을 경계하세요. 결과에 집착하지 않고도 목표를 향해 가열차게 노력할 수 있다는 점을 명심하세요. 평화 운동가이자 지도자로서 많은 업적을 남긴 베트남 승려 틱낫한을 두고 이렇게 묘사하는 걸 들었는데 여러분도 한 번 생각해 보세요.

구름, 나비, 불도저.

31장 계속 전진하기

Why 예전에 불교 지도자인 조셉 골드스타인의 워크숍에 참석한 적이 있습니다. '집착이 없는 자아'에 대해 뭔가 깨달은 바가 있었던 나는 골드스타인에게 내가 통찰한 바를 얘기했습니다. 그는 고개를 끄덕이더니 '맞습니다'라고 말하더군요. 나는 한 단계 발전한 것을 인정받은 느낌이 들었지요. 골드스타인은 그때 미소를 지으며 결코 잊을 수 없는 말을 했습니다. "계속 전진하세요."

출신 배경, 지능, 인격, 성격, 외모, 운, 인종 등 개인을 행복과 성공으로 이끄는 온갖 요인 중에서 가장 큰 변화를 이끌어내는 것은 '끈기'입니다. 열 번 넘어져도 열 번 일어나는 것입니다.

계속 전진한다 해도 목표에 도달하지 못할 수도 있습니다. 하지만 그냥 멈춘다면 결코 목표에 이르지 못합니다.

사람들은 끈기 있는 사람을 존경하지요. 강한 결의에는 마법 같은 힘이 있어서 다른 사람을 주위로 모으고 그들의 도움마저 이끌어냅니다.

인생이 언제 어떻게 끝날지는 결코 모릅니다. 몇 번의 실패를 겪고 오랜 세월에 걸친 노력 끝에 마침내 엄청난 성공을 거둔 이야기는 너무도 많습니다. 가령, 드와이트 아이젠하워는 1939년 독일이 폴란드를 침공해 2차 세계대전이 일어났을 때 이름 없는 대령에 불과했고 나이도 이미 49살이었습니다. 그러나 4년 후에는 유럽 연합군을 지휘했고 9년 후에는 미국 대통령에 당선되었지요.

How 끈기 있게 노력할 가치가 있는 목표를 세우세요. 잘못된 일에 노력을 쏟아부을 수도 있습니다. 아무 보상이 없는 길이라면 가던 길을 멈추세요. 목표를 향한 과정에 따르는 부수적인 피해를 생각해 보세요. 당장 전투에서는 이기고 있지만 건강, 행복, 인격, 타인의 행복이라는 큰 전쟁에서는 지고 있는 것입니다.

포기를 모르는 끈기의 느낌을 기억하세요. 그 느낌은 격렬하고, 강력하고, 완강하고, 악착스럽고, 분명하고, 기운이 샘솟고, 목표의식이 뚜렷하고, 목표에 집중하고, 열정적인 느낌, 또는 이 모든 것을 합친 듯한 느낌일 것입니다. 이런 느낌의 순간을 떠올리고 몸에서 그 느낌을 다시 일으켜 보세요. 필요할 때마다 마음 속에서 이 느낌을 떠올리고 계속 전진하세요.

바로 앞에 있는 것부터 한 단계씩 진진하세요. 나는 많은 사람들에게 암벽 등반을 가르쳤습니다. 초보자들은 종종 한 발은 밑에, 한 발은 무를 높이에 딛고, 안정적인 위치에 자리를 잡고 양 손까지 암벽을 잡고 있지만, 새로 잡을 곳을 찾지 못해 오도가도 못합니다. 몸을 끌어올려 좀더 높은 곳으로 발을 딛기만 하면, 즉 바로 앞에 있는 단계만 올라서면 더 높은 곳으로 나아갈 수 있는데 말이지요.

자신이 감당할 수 있는 속도를 찾으세요. 인생은 마라톤이지 단거리 경주가 아닙니다. 처음 보이스카우트에서 배낭여행을 갔을 때 나는 비쩍 마르고 운동도 못하는 책벌레였습니다. 하지만 나는 캠프장에 제일 먼저 도착하고 싶었습니다. 모두들 캠프장으로 출발했고, 덩치 좋은 녀석들이 뛰기 시작하면서 앞서 나갔지요. 나는 느리지만 꾸준히 속도를 유지했습니다. 몇 킬로미터 후에는 숲길에 앉아서 쉬고 있는 녀석들을 앞지르기 시작했지요. 그 친구들은 내가 지나가는 걸 보고 깜짝 놀라 일어났고 나를 다시 앞질러 나갔습니다. 하지만 몇 킬로미터 더 지나자 녀석들은 또 숲길에 널브러져 있었고 이번에는 완전히 지친 모습이었습니다. 나는 그들을 지나쳐 계속 걸었고 캠프장에 일등으로 도착해서 텐트 치기에 제일 좋은 명당자리를 차지했지요.

현실에서는 도저히 전진할 수 없더라도 마음 속에서 계속 전진하세요. 직장, 질병, 불행한 결혼 등 경우에 따라서는 정말 꽉 막힌 상황에 처할 수도 있습니다. 하지만 적어도 현재 상황을 끊임없이 돌아보고, 더 잘 대응하는 법을 배우고, 주위 사람들을 사랑할 수는 있습니다. 그렇게 하면서 시간이 흐르다 보면 상황이 분명 나아질 것입니다. "지옥 속을 지나고 있다 해도 계속 전진하라"는 윈스턴 처칠의 얘기처럼 말입니다.

　노력하면 반드시 결실이 있다는 사실을 믿으세요. 이런 얘기를 들어본 적이 있을 것입니다. 개구리들이 크림 통에 빠집니다. 통에 갇힌 개구리들은 한 마리씩 크림에 빠져 죽습니다. 그러나 한 마리는 포기하지 않고 크림 속에서 계속 헤엄을 쳐서 살아남습니다. 다른 개구리가 모두 죽은 후에도 그 한 마리는 계속 헤엄을 쳤고, 그 덕분에 크림이 딱딱한 버터로 변해 통에서 안전하게 탈출할 수 있었던 것입니다.

　계속 움직이세요!

4부

소통

32장 호기심

Why 이삼 년 전, 샌프란시스코 북쪽 내가 살고 있는 지역 근처의 바다로 아버지와 차를 타고 놀러간 적이 있습니다. 1918년 노스 다코타의 한 목장에서 태어나신 아버지는 은퇴한 조류학자였고, 그런 아버지에게 나는 습지를 보여드리고 싶었지요.

해안의 언덕을 깎아 만든 도로는 꼬불꼬불 이어졌습니다. 한참 후 우리는 볼일을 보려고 차를 세웠습니다. 덤불 숲에서 일을 보고 나오니, 주차해 둔 차 옆으로 작은 절벽을 뚫고 삐죽삐죽 자란 풀을 아버지께서 유심히 살펴보고 계셨습니다. 아버지는 신이 나서 말씀하셨지요. "이것 봐라, 릭. 여기는 토양층이 다르니 자라는 식물도 다르구나!" 마치 뒷마당에서 코끼리를 발견한 아이처럼 들뜬 목소리였습니다.

하지만 그것이 아버지의 천성입니다. 언제나 호기심이 넘치고 절대 지루해 하는 법이 없지요. 나를 비롯한 수많은 사람들이 차를 타고 그 길을 지나갔지만 언덕을 깎아 만든 도로 절개면 외에는 아무 것도 보지 못했습니다. 하지만 아버지는 그 어떤 일도 당연하게 여기지 않으셨지요. 어떤 사물을 보더라도 항상 신기해 하고, 연결고리와 설명을 찾았습니다. 아버지에게 세상은 언제나 의문투성이였지요.

사물을 보면 놀라워하고, 관심을 갖고, 깊이 알아보려는 태도를 가지면 많은 이점이 있습니다. 나이가 들어서도 마음을 열심히 쓰면 뇌의 기능을 보존하는 데 도움이 됩니다. 쓰지 않으면 잃어버리고 맙니다!

뿐만 아니라 주위를 둘러보면서 자신과 타인, 세상에 대해 유용한 정보를 많이 수집하세요. 또한 큰 그림을 보면 작은 일에 영향을 덜 받게 됩니다. 원하는 것을 더 얻겠다고 집착하지 않고, 원하지 않는 일에 크게 스트레스를 받지 않고 휘둘리지 않게 됩니다.

호기심이 많은 사람들의 특징은 자기중심적인 경향이 적다는 점입니다. 호기심이 많은 사람도 물론 자기 정신의 작용에 관심이 있지만 (호기심은 치유, 성장, 깨달음에 대단히 큰 자산입니다) 세상과 타인에 대해서도 관심이 많습니다. 어쩌면 그래서 인간은 호기심이 많은 사람을 좋아하는지 모르겠습니다.

How 호기심을 가지려면 우선 돌멩이 밑에 무엇이 있는지 돌을 뒤집어보려는 '의지'가 필요합니다. 돌멩이 밑에 있는 것은 대개 중립적이거나 긍정적인 것입니다. 하지만 때로는 섬뜩해 보이거나 냄새가 고약한 것도 있습니다. 그런 경우에는 자신이나 타인, 세상의 불편한

면과 마주할 용기가 필요하지요. 이 경우 약간 거리를 두고 관찰하면 좀 도움이 됩니다. 그리고 그 대상과 동일시하지 마세요. 그 대상과 거리를 두고, 무엇을 발견했든 그것은 단지 전체의 일부이며 대개는 지나가는 현상일 뿐이라는 점을 인식하세요.

그런 의지가 있으면 호기심은 저절로 행동으로 이어집니다. 더 깊고 보고, 더 넓게 보고, 다시 한 번 보는 것입니다.

사람들이 호기심을 갖는 대상은 대개 커가는 아이들, 친구가 하는 일, 새 컴퓨터의 작동 등 단순하고 가벼운 일입니다. 하지만 때로는 진지한 문제에 호기심을 가짐으로써 좋은 결과를 가져오기도 합니다. 예를 들어, 어떤 사태에 대해 계속 마음이 불편했다면 그 일에 관심을 가져보는 것입니다(아래에 제시한 수련을 마음의 다른 측면이나, 다른 사람에게, 그리고 세상에서 벌어지는 여러 현상에 적용해 볼 수 있습니다).

'더 깊이 본다'는 것은 표면 아래에 있는 것에 관심을 갖는다는 뜻입니다. 더 깊이 들여다보면 과거의 어떤 상황이 떠오르나요? 특히 어렸을 때 크게 영향을 주었던 사건은 무엇입니까?

'더 넓게 본다'는 것은 시야를 넓힌다는 뜻입니다.

- 어떤 상황의 다른 측면은 무엇입니까? 상대방의 좋은 의도를 내가 오해했거나, 내가 잘못한 부분은 없었나요?
- 마음 속에서 어떤 요인들이 작용했을까요? 가령 최근에 일을 너무 많이 했거나, 인정을 못 받는다는 느낌이 들었거나, 잘 먹지 못

하거나, 잠을 잘 못 잤나요? 실제보다 상황을 훨씬 더 나쁘게, 훨씬 더 위협적으로 평가했습니까? 상황을 개인에 대한 공격으로 받아들였나요?

'다시 본다'는 것은 적극적으로 살펴본다는 뜻입니다. 호기심을 갖는 대상이 무엇이든 실마리를 찾아 매듭을 풀고 그 실체가 완전히 드러나게 해보세요. 처음에 알게 된 답을 최종적인 것으로 생각하지 마세요. 마음 속에 항상 호기심을 가지세요. 두려움 없는 대담함을 지니세요. 어린아이, 고양이, 과학자, 성인, 시인의 시선으로 세상을 새롭게 바라보세요.

다시, 또 다시!

33장 손 즐기기

Why 때로는 뻔한 사실을 기억하는 것이 중요할 때가 있습니다. 자신의 몸, 특히 손으로 세상과 소통하세요.

인간의 손은 그 재주와 민감함이 동물 중에서도 특출합니다. 능숙한 동작을 해내는 손의 능력 덕분에 복잡한 계획을 수립하고, 결정을 내리고, 자기 통제를 관장하는 신경망이 진화할 수 있었습니다.

손은 뻗고, 만지고, 쓰다듬고, 물건을 쥐고, 조작하고, 놓습니다. 타이핑도 하고, 냄비를 젓고, 머리를 빗고, 접시를 닦고 기어를 바꾸고, 귀를 긁적이고, 문을 열고, 돌을 던지고, 사랑하는 사람을 안고, 이불 속에 들어가게 해줍니다. 손은 완벽하지 않을 수도 있고, 나이가 들면서 때로 아프기도 하지만 언제나 사랑스럽고 대단히 중요합니다.

손의 소중함을 인식하면 삶의 소중함을 인식하게 됩니다. 손에 마음을 쓰면, 즉 손이 느끼고 손이 하는 일에 관심을 기울이면 세상과 더 감각적이고 직접적인 교감을 할 수 있습니다.

How 지금 이 순간 잠시 손의 존재를 인식해 보세요. 손은 무엇을 하고 있나요? 무엇을 만지고 있습니까? 손은 항상 무언가를 만지고 있습니다. 공기라도 말입니다. 손은 어떤 걸 느끼고 있나요? 따뜻함? 차가움? 딱딱함? 부드러움?

손끝을 움직여 얼마나 예민한지 느껴보세요. 손끝에는 가로 세로 2.5센티미터당 신경 말단 세포 2만 개가 분포하고 있습니다. 손가락으로 손바닥을 쓰다듬는 느낌, 엄지손가락으로 다른 손가락을 차례로 만지는 느낌, 한쪽 손의 손가락으로 다른 손의 손가락을 쓰다듬는 느낌을 느껴보세요.

손이 주는 즐거움을 만끽해 보세요. 손으로 따뜻한 커피잔을 감싸고 있을 때의 즐거움, 가려운 머리를 긁었을 때의 후련함, 단추 구멍에 단추를 끼웠을 때의 만족감을 느껴보세요.

다른 것도 만져보세요. 악수할 때 상대방의 손을 꽉 잡는 느낌, 친구의 어깨, 사랑하는 사람의 살결, 어린아이의 머리카락, 개나 고양이의 털을 느껴보세요.

운전, 메모, 전구 갈기, 톱질, 묘목 심기, 마늘 계량하기, 양파 껍질 벗기기 등 손의 능숙한 동작을 느껴보세요. 칼을 들고 있을 때, 주먹을 쥘 때, 여행 가방을 끌 때 손의 힘을 느껴보세요.

손이 하는 이야기를 가만히 들어보세요. 무언가를 가리키고, 손을 올렸다 내렸다 하고, 손을 펴고 오므리고, 양손 엄지손가락을 치켜올리고, 오케이 제스처를 취하고, 만나거나 헤어질 때에는 손을 흔들지요.

하루에 여러 번, 손의 느낌을 느껴보세요.

손으로 삶을 느껴보세요.

34장 모르기

Why 먼 옛날, 같은 마을에 살고 있던 학자와 성인이 어느 날 자리를 함께 했습니다. 학자는 성인에게 삶의 의미에 대해 물었지요. 성인이 사랑과 기쁨에 대해 몇 마디 하고 잠시 생각에 잠기자, 학자는 서양 철학과 동양 철학에 대한 이야기를 장황하게 늘어놓았습니다. 학자가 말을 마치자 성인이 차를 권했습니다. 조심스럽게 차를 준비해서 학자의 잔에 천천히 따르기 시작했습니다. 차가 조금씩 찻잔에 차오르기 시작했지요. 찻잔의 테두리까지 찼는데도 성인은 계속 차를 따랐습니다. 마침내 찻잔에서 넘쳐흐른 차가 탁자 위로 흐르는데도 성인은 계속 차를 따랐습니다. 학자는 소리를 질렀지요. "무슨 짓입니까? 잔이 이미 가득 차지 않았습니까?" 그제야 성인은 차 주전자를 내려놓더니 말했습니다. "바로 그것입니다."

열린 마음, 넉넉한 마음은 유용한 정보를 많이 흡수할 수 있습니다. 반면 추측, 타인의 의도에 대한 자의적 판단, 선입견 등으로 가득 찬 마음은 중요한 세부 사항이나 맥락을 놓치고, 성급하게 결론을 내리고, 새로운 것을 배우기가 힘듭니다.

가령, 친구로부터 상처가 되는 말을 들었을 때 이런 태도를 취하면 어떤 이점이 있을까요? "흠, 무슨 얘기지? 잘 모르겠어, 전혀 모르겠어." 이렇게 하면 다음과 같은 이점이 있습니다. 첫째, 말실수를 하기 전에 상황을 제대로 파악할 시간을 벌 수 있습니다. 둘째, 자연스럽게 더 자세한 내용을 파악하게 됩니다. "내가 제대로 들은 건가? 내가 뭔가 사과할 일을 했나? 나 때문이 아니라 친구한테 괴로운 일이 있나? 친구가 그냥 날 오해한 건가?" 셋째, 친구가 내게 좀더 마음을 열고 덜 방어적으로 나올 수 있습니다. 다 안다는 듯 잘난 척하는 태도는 사람을 무척 짜증나게 하니까요.

위대한 아동 심리학자 장 피아제에 따르면 배움에는 본질적으로 두 가지가 있습니다.

- 동화(assimilation) — 새로운 정보를 기존의 가치 체계에 포함시킨다.
- 조절(accommodation) — 새로운 정보에 기초하여 가치 체계를 변화시킨다.

두 가지 모두 중요하지만 '조절'을 통한 학습이 더 근본적이며 범위가 넓습니다. 그럼에도 불구하고 오랫동안 간직한 믿음과 가치를 버리거나 바꾸는 것은 혼란스럽고 심지어 두렵기까지 하기 때문에 '동화'보다 실천하기가 더 어렵지요. 그래서 귀뚜라미나 칫솔, 버섯을 처음 보았을 때의 마음, 어린아이의 열린 마음으로 돌아가는 방법을 끊임없이 찾는 것이 중요합니다. 아이의 마음, 초보자의 마음, 무지의 마음으로.

How 잠시 동안이나 하루, 일주일, 아니 평생 동안 무지의 상태를 허락해 보세요.

- 내가 확신하는 것이 진실인지 의심해 보세요. 우리를 가장 힘들게 하는 것이 종종 이런 믿음들입니다.
- 대화를 할 때 상대방의 생각을 이미 안다고 판단하지 마세요. 무슨 말을 해야 할까 미리 걱정하지 마세요. 말할 차례가 오면 자연스럽게 알게 됩니다. 상대방이 내 생각과 감정, 내가 원하는 바를 이미 다 아는 것처럼 행동하면 어떤 기분이 드는지 떠올려 보세요.
- 식탁 위에 놓인 물건 등 친숙한 물건들을 눈으로 한번 훑어보세요. 그리고 소금이나 유리잔 등 하나의 물체에 집중한 뒤 그 물체의 이름이 떠오르기 전의 1초 남짓한 짧은 시간에 어떤 기분이 드는지 느껴보세요.
- 산책을 한번 해보세요. 마음이 주변의 사물을 파악하고 분류하려고 애쓰며, 그런 과정을 통해 이런저런 문제를 해결하고 내가 안전하게 살아가도록 돕는다는 사실을 인식하세요. '잘했어'라고 마

음을 칭찬해 주고, 알아야 한다는 집착을 내려놓으세요.

- 정답을 아는 사람, 즉 '아는 자'가 되는 것이 스스로에게 중요한지 자문해 보세요. 그 부담을 내려놓으면 어떨까요?

- 사실 이것은 아주 현실적인 이야기입니다. 어떤 사물을 보고 그게 무엇인지 아느냐고 스스로에게 물어보세요. 그게 컵이라고 칩시다. '컵'이 무엇인지 정말 확실히 아나요? 어떤 사람은 아마 원자와 전자, 양자, 쿼크로 이루어졌다고 대답하겠지요. 그럼 쿼크는 무엇인가요? 쿼크는 에너지나 우주 시간, 인간의 눈으로는 볼 수 없는 반짝이는 미세입자 같은 거라고 얘기하겠지요. 그렇다면 에너지나 우주 시간이 진정으로 무엇인지 정말 확실히 알고 있나요? 확실히 알 수 있을까요? 인간은 숟가락, 자동차, 고층 건물 등 자신이 조작하고 통제하는 사물에 둘러싸여 살지만 그게 진정으로 무엇인지는 결코 모릅니다. 세상 그 누구도, 세상에서 가장 뛰어난 과학자들도 말입니다.

- 숟가락이 진정으로 무엇인지도 모르는데 내가 무엇인지는 알 수 있을까요? 자신의 진정한 능력은요? 여러분은 얼마나 높이 오를 수 있습니까? 자기 삶에 대한 부정적인 생각을 한번 살펴보세요. '난 아이디어가 별로야, 사람들이 비웃을 거야, 사람들이 비웃으면 큰일인데, 누구도 내 편을 들어주지 않을 거야, 홈런 치겠다고 휘둘러도 삼진아웃 될 게 뻔해.' 자신에 대해 이렇게 '알고' 있는 사실을 '모르는' 것으로 바꿔보면 어떨까요?

- 알아야 한다는 부담감을 버리면 얼마나 마음이 편하고 좋은지 느껴보세요. 그 좋은 기분을 받아들이면 모르는 상태가 훨씬 더 편안하게 느껴질 것입니다.

'모르기'에 대한 이 수련을 한 후에는 예전보다 더 '모르는' 상태이기를 바랍니다.
다시 말해, 그 어느 때보다 더 많이 알아야 합니다!

35장 할 수 있는 일 하기

Why 과학자들의 연구 결과에 따르면 개에게 '학습된 무력감'(어쩔 수 없는 상황에 반복적으로 노출되면 실제로 자신의 능력으로 피할 수 있거나 극복할 수 있는데도 스스로 포기하는 것-옮긴이)을 만드는 일은 대단히 쉽다고 합니다. 개의 동기부여 및 감정과 관련된 신경회로는 인간과 상당히 유사하지요. 그리고 개에게서 이 무기력한 수동성을 없애는 데는 훨씬 더 많은 훈련이 필요하다고 합니다.

사람도 비슷합니다. 우리도 훈련을 통해 학습된 무력감을 쉽게 얻을 수 있으며, 이를 다시 없애는 것은 어렵습니다. 외부 요인에 의해 이리저리 휘둘렸던 경험을 생각해 보고 그 경험이 자신에게 어떤 영향을 주었는지 생각해 보세요. 학습된 무력감은 우울, 불안, 회의주의를 유발하고, 자존감을 떨어뜨리며, 목표를 향한 노력도 약화시킵니다.

학습된 무력감에 대한 인간의 생물학적 취약성을 고려할 때, 자신이 실제로 힘을 발휘할 수 있는 상황을 알아보고 적절한 조치를 취하는 것은 대단히 중요합니다. 비록 머리 속에서 하는 것이라 하더라도 말입니다.

How 스티븐 코비의 저서 《성공하는 사람들의 7가지 습관》에 나오는 유용한 방법을 생각해 봅시다. 원 하나에는 내가 영향력을 갖는 일들이 들어 있고, 다른 원에는 내가 걱정하는 일이 들어 있다고 상상해 보세요. 두 원이 겹치는 부분이 바로 내 인생의 중요한 부분에서 실제로 변화를 가져올 수 있는 부분입니다.

물론 기아에 시달리는 사람들을 볼 때처럼, 마음은 쓰이지만 개인적으로 어쩔 수 없는 일도 있습니다. 그런 일을 그냥 무시하거나 관심을 갖지 말라는 얘기가 아닙니다. '할 수 있는 일'을 하라는 뜻입니다. 다른 사람의 고통을 세상에 알려 사람들의 마음을 움직이거나, 계속 관심을 갖고 정보를 수집하거나, 노숙자 쉼터에 가서 자원봉사를 하는 등 실질적인 변화를 가져올 기회를 찾는 것입니다.

하지만 개인의 능력을 벗어난 일까지 통제하려고 하면 무력감이 들고, 고통스러우며, 영향력을 발휘할 능력까지 떨어집니다.

이런 질문을 던져보세요. "무의미한 일 따위에 집중된 나의 시간, 돈, 에너지, 관심, 걱정을 실제로 변화를 가져올 수 있는 대상으로 돌릴 방법은 무엇일까?"

그런 다음 자신이 갖고 있는 주요 강점과 능력을 하나하나 나열해 보세요. 영향력의 원은 생각보다 훨씬 더 클 것입니다.

자신의 강점과 능력을 이용해서 지금껏 한 번도 해본 적 없는 방식으로 유익한 행동을 하면 어떨까요? 이런 생각에 의문을 제기해 보세요. "난 도저히 그런 일은 못해." 정말 그럴까요? 아는 사람 중에 자신감이 넘치는 사람을 한 명 떠올린 다음 이렇게 자문해 보세요. "내가 그 사람처럼 자신감이 있다면 어떤 일을 할 수 있을까?"

특히 마음 속에서 취할 수 있는 행동에 대해 생각해 보세요. 세상을 바꾸거나 체형을 바꾸는 일에 비해 마음은 자신이 가장 큰 영향력을 발휘할 수 있는 부분입니다. 마음에서 일어난 변화는 무엇보다 오래 지속되고 중요합니다. 또 활력을 높이고 무력감을 없앨 수 있는 훌륭한 기회가 있는 곳이 마음입니다. 어떻게 하면 자신의 감정적 반응을 더 나은 방향으로 움직이고, 마음 챙김 상태와 따뜻한 마음을 한층 더 발전시킬 수 있을까요? 이는 모두 가능한 일입니다.

어려운 상황에서 어떻게 해야 할지 모를 때 나는 남아프리카 공화국에 살았던 은코시 존슨이라는 소년의 말을 떠올리곤 합니다. 그 지역의 많은 아이들처럼 은코시는 에이즈 바이러스를 가지고 태어나 열두 살에 죽었습니다. 죽기 전까지 은코시는 전국적으로 유명한 에이즈 퇴치 운동가로 활동했지요. 그의 모토는 언제나 나의 마음을 울렸습니다. "지금 있는 곳에서 지금 가진 것과 지금 쓸 수 있는 시간으로 할 수 있는 모든 일을 하세요."

그것은 누구나 할 수 있는 일입니다.

36장 영향력의 한계 인정하기

Why　앞 장의 수련은 자신이 가진 영향력을 발휘하고, 할 수 있는 일을 하는 것이었습니다.

물론 각자 할 수 있거나 변화를 가져올 수 있는 일은 매우 한정되어 있습니다. 과거나 지금 이 순간은 바꿀 수 없습니다. 사실상 자신이 영향을 미칠 수 있는 유일한 대상인 미래를 바라보며 나아갈 뿐이며, 타인의 생각이나 행동, 고통 등 타인에 대해서는 별로 영향력이 없습니다. 경제나 정부 시책, 국제 문제에 대해서는 더욱 그렇지요. 수많은 원인으로 인해 다양한 사건이 발생합니다. 지금 이 순간 작용하는 수많은 원인 중에 대부분은 개개인이 통제할 수 없는 것입니다.

그런 전제조건이 없다 해도 인간은 어떤 일을 일어나게 할 능력이 없습니다. 좋은 토양과 물 없이 장미를 키울 수 없는 것처럼요.

머리를 벽에 박으며 자책해 왔다면 이제 그만 현실을 받아들이고 앞으로 나아가야 할 때입니다. 나는 가끔씩 스스로에게 이렇게 말합니다.

"주차장에서 장미를 키우려고 하지 마라."

How 일반적으로 자신이 바꿀 수 없는 어떤 사실에 직면했을 때, 가령 꽉 막힌 도로에 갇혀 있거나, 기분이 우울하거나, 어린 딸이 마루에 우유를 쏟았을 때(나의 경험)는 이렇게 자문해 보세요. '싫든 좋든 이 일을 있는 그대로 받아들일 수 있는가?'

인정한다는 것은 찬성이나 용인, 묵과, 용서를 의미하는 것이 아닙니다. 그냥 내 영향력에 한계가 있다는 사실을 포함해서 '현실'을 그대로 바라보는 것일 뿐입니다.

이런저런 현실에 대해 고통스러운 감정도 있지만, 인정할 때 오는 좋은 기분을 느껴보세요. 현실을 인정하면 인생의 힘든 일에 대처할 때 더 큰 힘이 생깁니다.

어떤 사실을 인정할 수 없다면, 다시 말해 좋든 싫든 어떤 일이 일어났다는 사실을 인정할 수 없다면, 인정할 수 없다는 사실을 인정하면 됩니다.

좀더 구체적으로 다음 내용을 생각해 보세요.

- 인생에서 괴로웠던 사건을 한번 돌아보세요. 좋든 싫든 그 일이 이미 벌어진 일이라는 사실을 받아들이세요. 그리고 그 일은 훨씬 더 큰 전체의 한 부분일 뿐이며, 어쩌면 전체적으로 긍정적인 일

이었다고 생각해 보세요.

- 자신의 신체나 성격 중에 마음에 들지 않는 부분을 생각해 보세요. 그 부분을 얼마나 변화시킬 수 있을지 솔직하게 자신에게 말하고, 어떤 방법으로 실천할 것인지 분명히 선택하세요. 그런 다음 나머지 부분은 있는 그대로 받아들이세요. 그것은 훨씬 더 큰 전체에 속한 작은 일부일 뿐입니다. 전체를 보며 긍정적으로 받아들이세요.

- 내 인생에서 중요한 사람을 떠올려 보세요. 그에게 영향을 주거나 변화시키려고 노력했지만 아무 효과가 없었습니까? 여기서 인정해야 할 자신의 영향력의 한계는 무엇인가요?

- 이직, 새 고객에게 제품 팔기, 아이에게 가장 적합한 학교 찾기 등 원하는 것이 있는데 잘 되지 않는 일을 한번 생각해 보세요. 원하는 결과를 얻는 데 필요한 조건이 갖춰졌나요? 그렇다면 인내심을 갖고 계속 노력하세요. 하지만 주차장에서 장미를 키우려는 것이라면 희망과 노력을 다른 방향으로 돌려보세요.

37장 원인 돌보기

Why 여러분이 사과나무를 갖고 싶다고 합시다. 그럼 묘목장에 가서 좋은 묘목을 골라 집에 가져와서 좋은 땅에 비료를 듬뿍 주고 정성스럽게 심겠지요. 그런 다음 주기적으로 물을 주고 벌레도 잡아주고 잔가지도 정리해 줍니다. 그렇게 나무를 돌보다 보면 몇 년 후에는 맛있는 사과가 많이 열리겠지요.

하지만 사과를 내 손으로 만들어낼 수 있나요? 절대 그럴 수 없습니다. 사람은 원인을 다룰 수 있을 뿐 결과는 통제할 수 없습니다. 누구도 그럴 수 없지요. 세상에서 가장 힘있는 사람도 나무에서 사과가 열리게 할 수는 없습니다.

이와 마찬가지로 교사는 학생들에게 나눗셈을 저절로 알게 할 수 없으며, 사장은 직원들에게 신상품을 발명하게 만들 수 없으며, 다른 사람이 나를 사랑하게 만들 수도 없습니다. 사람이 할 수 있는 건 단지 자신이 원하는 결과를 낳는 '원인'을 돌보는 것뿐이지요.

이 사실에는 두 가지 의미가 담겨 있는데, 하나는 강한 마음, 다른 하나는 평화로운 마음에 관한 것입니다.

- 사람은 자신이 영향력을 발휘할 수 있는 원인을 돌볼 책임이 있습니다. 삶에서 원하는 결과를 얻지 못하고 있다면 이렇게 자문해 보세요. '원하는 결과를 낳는 원인을 돌보기 위해 나는 진정 할 수 있는 모든 일을 하고 있는가?'
- 결과에 대한 집착을 버릴 수 있습니다. 결과를 결정짓는 요인의 상당 부분은 통제할 수 없다는 점을 이해하면 결과에 대한 걱정도 줄고, 원하는 결과가 오지 않는다 해도 덜 고통스럽습니다.

모순이지만, 결과보다 원인에 집중하면 원하는 결과를 얻을 확률이 높아집니다. 성공을 만드는 요인에 집중하다 보면 결과에 대한 스트레스로 지치는 일이 없지요.

How
- 행복감을 높이기 위해 할 수 있는 일을 하세요. 충만한 행복감은 원인에 힘을 쏟을 때 강력한 추진력을 불어넣을 수 있는 보편적인 요소입니다.

이렇게 자문해 보세요. '내 행복에 가장 큰 영향을 미치는 것은 무엇인가?' 그것은 아주 사소한 것일 수도 있습니다. 내 경우에는 잠자리에 드는 시간입니다. 그 시간이 아침 명상을 위해 제시간에 일어날 수 있을지를 결정하기 때문이지요. 아침 명상은 그날 하루를 바꿔놓으니까요. 다른 사람과의 불필요한 논쟁 등 나를 맥 빠지게 하는 일을 그만두는 것이 될 수도 있습니다.

행복감을 높이는 것 하나를 선택해서 한동안 거기에 집중하세요.

- 일, 사랑, 건강, 재미, 영성 등 자신의 삶에서 원하는 결과를 얻지 못하고 있는 부분을 들여다보세요. 그 부분에서 가장 큰 원인이라고 생각되는 것을 찾아보세요. 가령, 통나무가 잔뜩 뒤엉켜 있다면 그 상태의 주요 원인이 되는 '핵심 통나무' 하나가 있게 마련이고 대개 그것만 제거하면 뒤얽힌 상태가 해소됩니다.

체중 감량을 하고 싶다면 운동을 해보세요. 친구를 만들고 싶다면 가능성 있는 새로운 사람을 만나보세요. 자식이 따르기를 원한다면 부모로서 모범을 보이고, 지금보다 나은 직장을 원한다면 체계적인 구직 활동을 하고, 마음의 평온을 원한다면 주기적으로 몸의 긴장을 푸는 등 문제를 해결하는 '원인'에 집중하세요.

- 원인과 결과에 대해 스스로에게 솔직하세요. '나는 원하는 결과를 얻기 위해 적절한 원인에 집중하고 있는가?' '원하는 결과와 아무 상관도 없는 원인에 매달려 헛된 노력을 쏟고 있지 않은가?'

어쩌면 다른 원인, 심층에 있는 원인을 해결해야 하는 것인지도 모릅니다. 가령 자기 회의나 어린 시절에 생긴 공포를 극복하는 것처럼 말입니다. 또는 원하는 결과가 자신의 능력 밖에 있는 것이라서 그냥 현실을 받아들여야 할 수도 있습니다.
- 결과는 결과로서 받아들이고, 결과에서 교훈을 얻고, 원인에 다시 관심을 쏟으세요. 사과에 너무 집착한 나머지 사과나무에 물 주는 일을 잊어버리면 안 됩니다.

38장 놀라지 않기

Why 신경계는 약 6억 년 간 진화를 거쳤습니다. 이 기나긴 시간 동안 벌레, 게, 도마뱀, 쥐, 원숭이, 호미니드, 인간 등 온갖 생명체들은 나뭇잎을 비추는 햇살을 바라보거나 명상에 잠기거나 평온한 내면세계에 빠져 경계가 느슨해지는 바람에 머리 위로 드리운 그림자나 나뭇가지가 부러지는 소리를 알아차리지 못해 그만 다른 생명체의 먹잇감이 되고 말았습니다.

이런 진화의 과정에서 살아남아 자신의 유전기를 후대에 전한 생명체들은 두려움과 경계심이 많습니다. 인간도 그런 조상의 자손이며 태어날 때부터 두려움을 갖고 있지요. 야생의 세렝게티에서 멀리 떨어져 있어도 인간은 여전히 조금이라도 두려운 상황이 되면 금방 불안감을 느낍니다. 이메일을 살펴볼 시간이 부족하거나, 경제 위기에 대한 뉴스를 접하거나, 막 사귀기 시작한 상대에게서 이틀이 지나도록 연락이 없거나 할 때 말입니다.

실제 상황이 나름대로 괜찮다고 해도 인간의 내면에는 뿌리 깊은 경계심이 자리하고 있습니다. 기본적으로, 인간을 포함한 모든 동물은 생존을 위해 끊임없이 다음과 같은 노력을 해야 합니다.

- 자신을 세상과 분리하기
- 몸과 마음, 관계, 주변 환경의 수많은 역동적인 요인을 안정시키기
- 보상을 얻고 해로움을 면하기

하지만 문제가 있습니다. 이러한 전략은 다음과 같은 존재의 현실과 부딪힙니다.

- 모든 것은 다른 것과 연결되어 있으므로 근본적으로 자신과 세상을 분리하는 것은 불가능하다.
- 모든 것은 변하므로 몸과 마음, 관계, 환경에서 안정적인 상태를 유지하는 것은 불가능하다.
- 보상은 덧없거나 대가가 따르고, 해를 입는 것은 어느 정도 불가피하다. 따라서 영원히 즐거움을 느끼고 완전히 고통에서 벗어나는 것은 불가능하다.

이런 전략이 문제에 직면할 때마다 경보가 울립니다. 존재의 본질과,

생존을 위해 해야 할 일 사이의 모순 때문에 경보는 하루에도 수없이 울리지요. 인식 저 너머에서 경보가 울리면 무의식 속에서 불안, 흥분, 경계, 회의가 싹트기 시작합니다. 이때 우리가 실제로 인식하는 것은 감정적이나 육체적으로 불편한 느낌, 즉 불안, 분노, 고통 등입니다.

몸과 마음 깊은 곳에서 보내는 경보를 과소평가하지 마세요. 생존의 욕구와 존재가 처한 현실의 충돌 속에서 경보는 인간의 내면에서 끊임없이, 강력하게, 본능적으로 작동합니다.

이 경보 체계는 생명체의 생존을 도와 유전자를 물려주도록 하는 훌륭한 전략이지만 인간의 건강, 행복, 대인관계, 의욕에는 좋지 않습니다. 위험 신호는 대개 실제 상황보다 훨씬 과장된 경우가 많습니다. 그런 신호가 오면 인간은 몸을 움츠리고, 안전을 위해 소심하게 행동하며, '우리'끼리 모이고 '타인'을 두려워하지요. 인간이 이처럼 경보에 취약하기 때문에 집단과 국가 차원에서도 공포심을 이용해서 인간을 쉽게 조종할 수 있는 것입니다.

그렇습니다. 긴가 위협과 위험에 대처하되 가짜 경보는 그냥 무시하세요.

How 이제 자신을 위해 당당히 맞서세요. "쓸데없이 두려워하는 데 질렸어." 가짜 경보 때문에 지난 세월 동안 치러야 했던 대가를 한번 생각해 보세요. 숨으려고 도망가고, 자기 표현을 억누르고, 소중한 꿈이나 열망을 포기하지 않았나요?

　가슴이 조여오거나 얼굴이 긴장되는 느낌, 가슴이 철렁하는 느낌, 균형을 잃은 듯한 느낌, 주위를 살피고 경계하는 느낌 등 몸에서 보내는 미묘한 경보 신호를 잘 인식하세요.

　그런 다음 수많은 경보 신호가 사실은 아무 것도 아니라는 점을 마음에 새기세요. 그건 자동차 도난 경보처럼 끝없이 울려대는, 그냥 불쾌하고 무의미한 소음일 뿐입니다. 물론 진짜 경보에는 대처를 해야 하지만 과장된 경보나 거짓 경보에는 놀랄 필요가 없습니다.

　때로는 나쁜 일이 일어나고, 삶에는 불확실성이 존재하며, 가끔 비행기가 떨어지기도 하고, 착한 사람들이 음주 운전자가 모는 차에 치이기도 한다는 사실을 인정하세요. 총알을 다 피할 수는 없다는 사실을 인정하고 살아야 합니다. 이 사실을 인정하면 통제할 수 없는 일을 통제하려는 노력을 멈추게 됩니다.

　자신의 몸이 많이 놀라지 않도록 도와주세요. 나의 경우에는, 뇌에서 가장 먼저 생겨났고 공포를 잘 느끼는 뇌간에 '이구아나'가 살고 있다고 상상하고, 이구아나의 배를 부드럽게 쓰다듬고 진정시켜 줍니다. 마치 따뜻한 바위에서 편안히 쉬는 도마뱀처럼 긴장을 풀게 합니다. 내면에 있는 쥐, 원숭이, 야만인에게도 똑같이 해줍니다. 끊임없이 몸을 이완시켜 편안하게 하고, 심호흡을 하고, 내면의 힘과 의지를 느끼려 합니다.

　경보가 시끄럽게 울린다 해도 인간의 인식과 의지는 훨씬 더 큽니다.

마치 구름을 품고 있는 하늘처럼요. 사실 경보와 두려움은 대범함으로 품을 수 있습니다. 울퉁불퉁하고 어지러운 세상을 똑바로 보고, 있는 그대로의 세상을 받아들이세요. 매일 기회가 있을 때마다 몇 번이고 활짝 열린 대범한 상태로 돌아가세요.

39장 불 끄기

Why 피해나 위협을 그냥 방치하고 있거나, 중대한 기회를 놓치는 등 정말 중요한 문제를 처리하지 않고 있을 때 우리 마음은 이런 사실을 알아차립니다. 이런 것이 진짜 경보이며, 이런 경보에는 귀를 기울일 필요가 있습니다.

가령, 신용등급을 떨어뜨릴 수 있는 미납 공과금, 점점 버릇이 없어지고 반항적으로 변하거나 우울증에 시달리는 십대의 자녀, 몇 달째 운동을 하지 않는 것, 조금씩 무너져가는 결혼생활, 지나친 음주와 흡연, 계속 나를 괴롭히는 직장 동료, 만성적인 과식, 건강에 뭔가 이상이 생겼다는 불안한 느낌 등이 그런 신호라 할 수 있겠지요.

이런 '불'은 빠르게 또는 천천히 내 삶을 태울 것이고, 때로는 완전히 다 태워버리기도 합니다.

뭔가 긴박한 상황이 발생한다면, 예를 들어 변기가 막혔거나, 국세청에서 편지가 왔거나, 겨드랑이에서 몽우리가 만져진다면 사람들은 대부분 즉각 문제를 해결하려 합니다. 하지만 중요하지만 급하지 않은 일, 하루쯤 더 미룰 수 있는 문제나 목표는 어떻습니까? 이런 불은 그냥 방치하기 쉽지만 결국에는 엄청난 대가를 초래합니다. 불씨가 그대로 있다는 걸 사람들은 잘 알고 있습니다. 그 불씨에서 피어오르는 연기를 마음 깊은 곳에서는 이미 느끼고 있지요. 언젠가는 반드시 그 대가를 치러야만 합니다. 때로는 인생의 말년에 지나온 삶을 돌아보면서 '옛날에 그랬더라면' 하고 후회하게 되겠지요.

반대로, 급하지는 않지만 중요한 일을 처리하면 불편한 마음이 사라집니다. 할 수 있는 일을 하고 삶을 개선하는 자신에 대해 자랑스러운 기분이 듭니다.

How 정말 처리해야 할 불씨를 방치하고 있다는 직관 또는 느낌을 인식하세요. 건강, 재정상태, 인간관계, 행복, 정신적 삶(이것이 자신에게 의미가 있다면) 등을 생각해 보세요. 해결하지 못한 중대한 욕구(이에 대해 죄책감이나 불안감을 느끼는 것은 정상입니다)를 직시하기를 꺼리는 마음이 있는지 살피고, 있다면 그런 마음을 버리세요.

이런 질문을 던져보세요. 중요하지만 급하지 않은 문제를 처리하는 데 방해가 되는 것이 무엇인가? 매일 적당히 관리하고 있지만 결코 완전히 해결하지 못하는 일은 무엇인가? 계속 미루는 일은 무엇인가? 아무리 잘하고 싶어도 전혀 나아지지 않는 일은 무엇인가?

해결해야 할 중요한 일을 죽 적어보세요. 신뢰하는 사람에게 이 일에 대해 얘기해 보세요. 이 문제가 정말 '문제'라는 점을 스스로에게 인식시키세요. 문제를 계속 직시하세요.

문제를 해결하면 자신과 타인에게 생길 많은 이점을 생각해 보세요. 그 이점을 마음 속에서 선명하게 떠올리세요. 생활이 개선되고, 잠도 잘 자고, 기분도 나아지고, 사랑도 잘하게 되는 모습을 상상해 보세요. 이런 이점을 가슴 깊이 갈망해 보세요. 달콤한 꿀이 벌을 유혹하듯이 이 이점들의 유혹을 따라가세요.

문제를 계속 방치할 경우 자신과 타인이 장단기적으로 치러야 할 대가에 대해서도 생각해 보세요. 스스로에게 솔직하세요. 이러한 대가를 정확히 직시하는 어렵고도 훌륭한 일을 해내기 위해서 죄책감, 후회, 수치심을 기꺼이 느껴야 합니다.

이점과 대가를 생각해 보고, 선택을 하세요. 불을 끄겠습니까? 아니면 하루 더 기다리겠습니까?

문제에 맞서기로 했다면 그 선택으로 인한 좋은 기분을 느껴보세요. 이제 행동에 옮기세요. 완벽하게 계획을 세우고 시작할 필요는 없습니다. 그냥 처음 한두 단계만 알면 됩니다. 문제를 친구나 치료사와 이야기하거나, 정보를 수집하거나(건강 문제 진단 등), 전문가를 만나거나, 매일 한 가지 이상 작지만 긍정적인 행동을 하거나, 다른 사람으로부터 체계적인 도움을 받는 식이지요(친구와 같이 운동을 하거나 정기적으로 알코올 중독자 모임에 나가는 등). 벽에 부딪혔다고 해서 더 완벽한 계획이 필요한 것은 아닙니다. 완벽하지 않더라도 행동하는 것이 중요합니다. 문제 해결에 매진하고 목표를 향해 지속적으로 노력하고 행동하다 보면 돌파구는 반드시 있습니다.

문제 해결을 계속 미루거나 제자리에 머물러 살다가 삶을 마무리하는 시점에서 지난날을 돌아본다고 생각해 보세요. 지금 내가 어떻게 행동해야 인생이 끝나는 시점에서 행복할까요?

40장 꿈을 크게 갖기

Why 누구나 꿈이 있습니다. 목표, 원대한 계획, 남을 위한 헌신 같은 것이지요. 가정 이루기, 직업 바꾸기, 대학 진학, 오래 만난 상대와 감정적·육체적으로 더욱 친밀해지기, 책 쓰기, 정신 수련을 실천하는 삶, 예술 작품 활동, 위험한 교차로에 신호등 설치하기, 13킬로그램 감량하고 유지하기, 고래 구하기, 세상 구하기 등도 있을 수 있습니다.

이런 꿈들은 거의 유년 시절 품었던 생각에 뿌리를 두고 있습니다. 이들 중 어른이 되고 나서도 남아 있는 것들이 진짜 꿈인 경우가 많습니다.

마음 속에서 진정으로 갈망하는 것은 무엇입니까?

그 갈망은 상당히 구체적이면서도 큰 꿈일 수 있지요. 가족 모두가 공평하게 집안일을 하는 것이나, 차로 한 시간 거리 이내에 있는 직장 구하기, 어머니나 아들과 사이좋게 지내는 것, 장미 심기, 하루에 30분 정도 자신만을 위한 시간을 내는 것이 될 수도 있습니다.

또는 학교 왕따 문제를 해결하거나, 대기 중 탄소 배출 완화, 자신의 정신적 깨달음을 추구하는 것처럼 아주 원대한 꿈일 수도 있지요.

'나에게 정말 중요한 꿈은 무엇인가?' 마음을 열고 진심으로 이 질문을 던진다면 엄청난 부자나 스타가 되고 싶다처럼 어리석은 대답이 떠오르지는 않을 것입니다. 반대로, 자기 영혼의 이야기를 듣게 될 것입니다. 자신의 가장 깊은 내면에 있는 지혜로운 목소리를 들을 수 있습니다.

그 목소리에 귀를 기울여 보세요.

그리고 자신의 꿈을 실현시킬 방법을 찾아보세요. 실질적이고, 일상에서 할 수 있는, 한 번에 한 걸음씩 전진할 수 있는 방법을 찾아보세요.

How 조용한 시간과 장소를 찾아서 자신이 열망하는 것이 무엇인지 물어보세요. 또한 어리고 순수한 자신의 모습을 상상하고 그 순수한 자신에게 꿈이 무엇인지 물어보세요.

현실성이 없다거나, 너무 늦었다거나, 이기적이라거나, 어리석은 꿈이라고 무시하지 말고 마음을 열고 자신의 목소리에 귀를 기울이세요. 그 꿈을 단어 몇 개 정도라도 좋으니 종이에 적거나 누군가에게 얘기를 해보세요. 꿈과 관련이 있는 사진이나 글귀를 모아서 붙여놓을 수도 있습니다. 꿈은 아직 형태를 갖추지 않았다는 점을 명심하세요. 꿈이 숨쉬고 변화하고 성장할 수 있도록 도와주세요.

꿈이 여러분의 생각과 행동 속에 자리잡을 수 있도록 공간을 내어주세요. 꿈과 친구가 되세요. 꿈이 현실이 되면 어떨지, 자신과 타인에게 어떻게 좋을지 느껴보세요.

세부 사항이나 방해 요소에 좌절하지 말고 현실적으로 자신이 할 수 있는 일에 생각을 집중하고 꿈을 향해 앞으로 나아가세요. 매일 실천하고 쌓아갈 수 있는 작은 일을 찾으세요. 더 나아가 계획을 글로 적고, 구체적인 날짜를 적어보세요. 현실적으로 접근하는 것을 두려워하지 마세요.

그리고 행동으로 옮기세요. 도움이 된다면 자신의 행동에 대해 솔직히 말하고 기록을 남기세요. 가령 하루 동안 운동한 시간, 친구와 얘기한 시간, 그냥 편하게 휴식을 취한 시간을 적는 것입니다. 큰 돌부터 양동이에 담듯, 가장 큰 효과를 가져올 수 있는 일에 먼저 집중하세요.

그러는 동안에도 꿈이 내 안에서 살아 숨쉬도록 하세요. 꿈의 건강함을 느껴보세요. 꿈이 마음 깊은 곳에서 어떻게 오는지, 얼마나 건강한지, 자신과 타인에게 어떤 도움을 줄지 느껴보세요. 꿈과 하나가 되세요.

꿈과 친구가 되세요.

41장 관대해지기

Why 자신과 타인, 세상에게 베풀고자 하는 마음은 인간 본성 깊은 곳에 자리하고 있습니다.

약 2억 년 전 인간의 조상인 포유류가 처음 지구상에 출현했는데, 이들이 갖춘 감정, 유대 관계 형성 능력, 베푸는 능력은 진화에서 특별한 발전이었습니다. 파충류나 어류와는 달리 포유류와 조류는 어린 새끼를 보살피고, 암수 관계를 맺고(때로는 생존을 위해), 다양한 협력을 통해 복잡한 사회 집단을 형성했습니다. 이렇게 하기 위해서는 그저 알을 낳고 헤엄쳐 다니는 어류보다 뛰어난 지능을 필요로 합니다. 따라서 포유류와 조류는 파충류와 어류보다 체중에 비해 뇌가 더 크지요.

600만 년 전쯤 영장류가 나타났고, 사교 능력이 뛰어날수록 번식에 유리함에 따라 뇌의 크기는 또 한 번 비약적으로 커졌습니다. 포유류 중에서도 가장 관계 중심적인 영장류(대단히 복잡한 의사소통 능력, 외모 가꾸기, 우두머리와 추종자의 위계 등 관계를 중시하는 많은 특징이 있음)는 체중에 비해 대뇌 피질이 가장 큽니다.

그리고 초기 호미니드가 출현하여 250만 년 전부터 석기를 만들기 시작합니다. 이후 뇌의 크기는 세 배 증가했고, 새로 생긴 피질의 상당 부분은 언어, 공감, 가족 및 친구와의 유대, 로맨스, 협력을 통한 계획, 이타주의 등 대인관계 기술에 관여합니다. 뇌의 크기가 커지면서, 뇌의 성장을 위해, 또 새롭게 생긴 놀라운 '관계' 능력을 활용하기 위해 어린 시절이 길어졌지요. 인간의 삶에서 유년기가 유난히 길어지면서 이 기간 동안 아이와 엄마의 생존을 위해 아버지와 공동체의 도움이 더 많이 필요해졌습니다. 영장류 어머니의 유대감 형성과 보살핌, 즉 '베풀기'는 점차 낭만적 사랑으로 발전했고, 자식에 대한 아버지의 보살핌은 우정으로 발전했고, 이어서 인간을 서로 묶어주는 공동체의 연결망으로 발전했습니다. 또한 인류의 조상은 주로 자신이 속한 무리 안에서 남녀 간의 결합을 이루었습니다. 자원이 부족한 환경에서 팀워크에 더 강한 무리가 다른 무리와의 경쟁에서 이김으로써 사회적 특성이 더 뛰어난 뇌를 만드는 유전자가 인간 게놈에서 크게 증가했습니다. 간단히 말해, 넓은 의미의 베풀기로 인해 수백만 년에 걸쳐 뇌의 진화가 가능해졌고 또 촉진되었습니다.

결과적으로 인간은 관용의 바다에서 살고 있습니다. 배려, 상호주의, 자비심, 연민, 친절, 도와주기, 따뜻함, 감사, 존중, 인내, 관용, 기여 등 수많은 베풂의 행동 속에서 살아가지만 사람들은 그런 사실을 종종 잊어버리고 살지요. 뇌의 부정적 성향 때문에 베풂과 반대되는 순간들(분노와 이기심, 욕심과 불친절)이 신문의 헤드라인을 장식합니다. 현대의 경제 체제에서 주고 받는 행위는 대개 돈벌이와 관계 있는 것처럼 보입니다. 하지만 돈으로 바꿀 수 없는 재화와 서비스를 대가 없이 주고 받는 방대한 '베풂의 경제'에서 그것은 아주 작은 부분에 불과합니다.

남에게 먼저 베풀면 스스로 기분이 좋고, 다른 사람에게 이로우며, 도움을 받은 사람들이 다시 내게 좋은 일을 베풀게 됩니다. 이렇게 해서 인간의 아름다운 베풂의 본성이 조금씩 퍼져나가는 것입니다.

How 자신을 잘 돌보세요. 자신이나 남에게 해가 되는 일에 굴복하지 마세요(알코올 중독에 빠진 사람을 그냥 모른 척하면 안 되는 것처럼 말입니다). 스스로 자꾸 힘을 북돋워주세요. 내 컵이 넘칠 때, 적어도 비어 있지 않을 때 베풀기가 더 쉽습니다.

베풂의 마음이 샘솟을 수 있도록 고맙거나 기쁜 일을 생각하세요. 이미 충만한 느낌을 채울니면 조금 더 베풀어도 빼앗긴 기분이 들거나 공허한 느낌이 들지 않습니다.

베풀기가 자연스러운 일이라는 점을 인식하세요. 성인이 아니라도 베푸는 사람이 될 수 있습니다. 마음, 시간, 자기 통제, 봉사, 음식, 돈 등 베풂은 다양한 형태로 가능합니다. 이런 관점에서, 매일 자신이 이미 얼마나 많은 것을 주고 있는지 생각해 보세요. 베푸는 사람으로서 자신에 대한 좋은 느낌을 가져보세요.

상대에게 완전히 집중하세요. 다른 사람과 함께 있는 매순간 상대에게 집중하고, 상대가 얘기하는 주제나 목표에 관심을 기울이세요. 상대의 얘기가 마음에 들지 않더라도 귀 기울여 들어줄 수는 있습니다(이런 태도는 아이나 배우자에게 특히 중요합니다). 그런 다음 내가 얘기를 시작하면 상대방이 좀더 기분 좋은 마음으로 들어줄 것입니다.

즉시 반응을 보이지 마세요. 대개의 경우, 상대의 말에 대꾸나 조언을 하지 않거나 감정적 반응을 보이지 않을 때 상호작용, 인간관계, 삶은 더 잘 풀립니다. 아무 것도 하지 않는 것이 때로는 가장 좋은 선물입니다.

도움을 주세요. 학교에서 자원봉사 활동을 하거나 좋은 일에 기부금을 내세요. 배우자가 나보다 집안일이나 육아를 더 많이 하고 있다면 내 몫을 좀더 늘리세요.

수련을 하세요. 타인을 돕는 최상의 길은 자신의 행복과 역량을 끌어올리는 것입니다. 수련 방법이 무엇이든 가족과 친구, 넓은 세상 등 소중하게 여기는 대상에게 매일 베푸는 마음으로 온 마음을 다해 실천하세요.

5부

평화

42장 난 지금 괜찮아

Why 인간의 뇌는 생존을 위해 항상 내적으로 불안감을 느끼도록 진화해 왔습니다. 마음 속의 이 걱정스런 속삭임으로 인해 인간은 자신의 내면과 외부 세계에 문제의 징후가 없는지 항상 살피게 되지요.

이런 불안과 경계심은 너무도 자연스러운 것이어서 사람들은 그런 마음이 있는지조차 잊고 삽니다. 몸에서 긴장하고, 경계하고, 대비하는 느낌을 감지해 보세요. 주변 환경이나 다른 사람에 대한 경계, 또는 긴장과 불안이 떼세를 온전히 풀지 못하도록 가로막는 마음을 감지해 보세요. 안전한 사무실이나 가게 안에서 아무런 경계심 없이 걸어보세요. 그러기는 정말 쉽지 않습니다. 경계심을 내려놓고, 몸을 완전히 이완시키고, 완전히 편안하고 평온한 상태로 5분 동안 가만히 앉아 있어 보세요. 대개의 경우 불가능합니다.

원숭이의 경우 뇌가 이렇게 항상 불안과 경계 상태에 있으면 갑자기 뒤에서 덮치는 동물을 감지하는 데 유용할 것입니다. 하지만 참 고단한 삶이겠지요. 그런 삶은 행복을 갉아먹고, 불안과 우울증을 키우며, 사람을 소극적으로 만듭니다.

그리고 그 불안은 거짓말에 바탕을 두고 있습니다.

그런 불안감은 지속적으로 인간의 내면에 속삭입니다. '넌 안전하지 않아, 넌 위험에 둘러싸여 있어, 절대 경계를 늦추면 안 돼.'

하지만 지금 이 순간을 차분히 들여다보세요. 아마 대체로 안전한 상태일 것입니다. 공격하려는 사람도 없고, 물에 빠진 것도 아니고, 폭탄이 떨어지지도 않고, 위기 같은 건 없습니다. 완벽한 상태는 아니지만 그런대로 괜찮습니다.

'지금'이라는 말은 현재를 의미합니다. 미래를 생각할 때 사람들은 걱정을 하고 계획을 세웁니다. 과거를 생각하면 후회와 회한에 빠집니다. 과거와 미래에 대한 생각에는 두려움이 뿌리 깊이 박혀 있습니다. 다시 현재로 돌아와 지금 이 순간을 보세요. 지금 여러분은 대체로 괜찮습니까? 숨 쉬는 데 별 문제 없나요? 심장은 잘 뛰고 있습니까? 정신은 제대로 돌아가나요? 대답은 아마 거의 '그렇다'일 것입니다.

일상생활 속에서, 업무를 처리하는 와중에도 이렇게 '괜찮다'는 생각을 할 수 있습니다. '괜찮다'고 생각한다고 해서 진짜 위협이나 문제를 간과하는 것도 아니고 모든 것이 완벽하다고 생각하는 것도 아닙니다. 하지만 어떤 상황에서도 대체로 '난 지금 괜찮다'고 생각할 수 있습니다.

How 하루에 서너 번 '난 괜찮다'고 되뇌어 보세요.

돈을 더 많이 벌고 싶거나, 더 사랑받고 싶거나, 아니면 단지 감자튀김을 찍어 먹을 케첩을 원할 수도 있습니다. 고통이나 상심이 줄어들거나, 출퇴근 시간의 교통 체증이 줄기를 바랄 수도 있지요. 모두 납득할 만한 바람입니다. 하지만 마음에서 떠오르는 그 모든 욕망을 살짝 제쳐 놓고 보면 사람들은 대체로 괜찮습니다. 수많은 욕망과 행동 이면에는 지금 이 순간 괜찮다는 인식과 지금 살아 있다는 사실이 있습니다.

저녁 식사를 준비하면서 '난 지금 괜찮아'라고 느껴보세요. 마음 속으로 그 말을 할 수도 있습니다. 운전을 하면서, 다른 사람과 얘기를 나누면서, 이메일을 보내거나 아이를 재울 때도 '난 지금 괜찮아'라고 느껴보세요.

지금 괜찮다고 느끼면서도 이런저런 일을 하고 문제를 해결할 수 있습니다. 경계를 늦추거나 괜찮다고 생각하면 나쁜 일이 일어날까요? 그러한 공포는 아무 근거가 없습니다. 이 사실을 깊이 새기세요. 괜찮다고 느끼는 것을 두려워할 필요가 없습니다.

때로는 정말 괜찮지 않을 때도 있습니다. 끔찍한 일이 일어났거나, 몸이 심하게 좋지 않거나, 대단히 화가 났을 수도 있지요. 그럴 때는 이 힘든 상황을 헤쳐 나가기 위해 할 수 있는 일을 하세요. 하지만 최대한 빨리 '내 중심은 괜찮다'는 점을 잊지 마세요. 바다 위에서는 성난 허리케인이 몰아치고 있어도 수면 15미터 아래에는 평화롭고 고요한 바다가 있는 것처럼 말입니다.

　지금 괜찮다고 느끼는 것이 삶을 예쁘게 포장해서 본다는 뜻은 아닙니다. 단순하지만 심오한 사실, 즉 '지금 이 순간 나는 괜찮다'는 사실을 인식하는 것입니다. 내가 숨을 쉬고, 살아 있으며, 괜찮다는 진실을 공포보다 더 깊이 느끼는 것입니다. 아무리 비정상적이고 이상한 생각들이 마음 속에서 소용돌이치고 있어도 내 마음은 잘 돌아가고 있음을 인식하는 것입니다.

　이렇게 '괜찮다'는 마음가짐을 갖는 것은 존재와 뇌의 행복과 힘을 키우는 강력한 방법입니다. 진실을 따르고, 본성이 속삭이는 거짓말에 맞서는 것입니다.

　이렇게 '괜찮다'는 마음가짐을 갖는 것은 우리 뇌에서 느끼는 행복감을 높이고 나아가 우리가 더욱 행복해지는 강력한 방법입니다. 진실을 따르고, 본성이 속삭이는 과장된 경계의 목소리에 맞서는 것입니다.

43장 기질을 존중하기

Why 호미니드와 원시 인류는 수백만 년에 걸친 진화의 과정에서, 작은 집단을 이루고 살면서 다양한 기질을 발전시켜 왔습니다. 신중하고 목표에 집중하는 거북이 기질, 모험심이 강하고 충동적인 산토끼 기질, 그 중간에 속하는 층이 있지요. 거북이, 중간층, 산토끼가 골고루 있는 무리들은 변화하는 환경에 잘 적응하고, 한 가지 기질의 구성원만 있는 무리보다 우세할 수 있습니다. 님블 가드와 빅 포워드가 있는 농구팀이 그냥 가드와 그냥 포워드만 있는 팀을 이기는 것처럼 말입니다.

비슷한 이유로 인간은 아래와 같은 측면을 포함해 다양한 기질을 발전시켜 왔습니다.

- 사회성 — 대단히 외향적인 사람과 대단히 내향적인 사람이 있으며 대다수는 중간에 속한다. 세부적으로는 예외가 많겠지만, 일반

적으로 외향적인 사람들은 사회적 접촉을 할 때 힘을 얻고 혼자 있을 때 기분이 가라앉는다. 내향적인 사람은 반대다.
- 감정적 성향―고대 그리스의 네 가지 성격 유형인 다혈질(쾌활함), 담즙질(쉽게 짜증을 냄), 우울질(쉽게 슬픔에 빠짐), 점액질(감정적으로 감동시키기 힘듦)은 어느 정도 맞는 부분이 있다.

기질적 특징은 타고나며 DNA와 뇌에 깊이 새겨져 있습니다. 물론 이런 특징은 한 개인을 이루는 여러 요소 중 일부에 불과합니다. 또 이런 특징들은 그 사람의 다른 부분, 가령 지적 능력이나 따뜻한 마음, 삶의 경험, 의식적인 생각이 작용하여 표출되는 성향에 불과합니다. 예를 들어 나는 내향적이지만 진지한 대화를 아주 좋아합니다(전형적인 치료사 타입이지요). 그래서 하루 종일 사람들과 지낸 뒤에는 독서나 조깅을 하며 혼자만의 시간을 갖고 다시 기운을 충전합니다. 마찬가지로, 약간 우울한 기질이 있는 사람은 다른 사람으로부터 따뜻한 관심을 받을 때 생기는 기분 좋고 달래주는 느낌을 내면에 깊이 새길 수 있습니다. 기질은 운명이 아닙니다.

기질에 따라 특정한 환경, 즉 특정한 상황이나 업무, 사람과 잘 맞을 수도 있고 맞지 않을 수도 있습니다. 예를 들어, 예민한 아기는 아빠가 무심해도 엄마가 세심하게 보살펴주는 환경에서는 잘 자라겠지만, 지치고 짜증이 많은 편부모 밑에서는 그렇지 못할 것입니다. 산토끼 기질을 가진 초등학생이라면 튼튼한 울타리가 처진 넓은 초원처럼 경험적 학습 환경에서는 대개 잘 지내지만, 엄격한 통제 하에서 교실에 가만히 앉아 학습해야 한다면 야단맞는 일이 많을 것입니다. 그것은 스트레스이고 의기소침해지는 일입니다. 커플의 경우, 나처럼 내향적인 사람에게는 혼자만의 시간을 충분히 주고, 내 아내처럼 외향적인 사람에게는 사람과 교류할 기회를 준다면 관계는 잘 흘러가겠지만 그렇지 않다면 힘들어질 것입니다.

자신의 기질과 환경이 잘 맞지 않으면 학교생활에서든 친밀한 관계에서든 직장에서든 최상의 능력을 발휘하기 힘듭니다. 또한 어느 정도는 내가 뭔가 잘못되었거나, 약하거나, 바보 같거나, 모자라다는 느낌을 자연스럽게 갖게 됩니다. 더군다나 문제가 주위 환경이 아니라 본인에게 있다는 얘기를 반복해서 들으면 이런 느낌은 더욱 강화됩니다.

예를 들어, 산토끼 기질이 고도로 발달한 사람을 가리켜 현대 의학에서는 주의력 결핍 과잉행동 장애(ADHD)라고 합니다. 인간과 호미니드가 지구에서 살아오면서 산토끼 기질은 놀랍도록 잘 적응해 왔는데 말입니다. 또 사람들은 천성적으로 생각이 많은 사람에게 기운 좀 내라, 인상 좀 펴라고 하고, 내향적인 사람에게는 밖에 나가서 사람 좀 만나라고 하고, 거북이 기질의 사람에게는 계집애처럼 굴지 말고 용감하게 뛰어들라고 합니다. 이처럼 뭔가 잘못되었다, 옳지 않다는 얘기를 반복적으로 듣다 보면 그 인식이 점점 마음 깊이 스며들어 개인의 자신감, 기분, 자존감을 갉아먹게 됩니다.

하지만 잘못된 것은 아무 것도 없습니다. 인간은 각자의 기질을 존중해야 합니다. 그것을 인정하고, 그 기질의 좋은 점을 보아야 하며, 그 기질이 위기에 처했을 때에는 보살펴주어야 합니다. 가령 거북이 기질의 아이에게는 불안한 변화에 잘 대처할 수 있게 도와주어야 합니다. 다시 말해 천성에 맞서지 말고 천성에 맞게 살아가세요.

How 자신의 기질을 분명히 파악하세요. 같은 나이와 같은 성별의 다른 사람과 자신을 비교해 보세요.

- 나는 산만하고 충동적이고 자극을 추구하는 편인가? 또는 목표에 집중하고 분별 있고 신중한 편인가?
- 나는 많은 사람과 어울리는 데 관심이 많은가? 아니면 좋은 친구 몇 명과 어울리거나 혼자 있는 시간을 좋아하는가?
- 나는 쾌활하거나, 우울하거나, 쉽게 화를 내거나, 차분한 편인가?

(이런 특징의 중간 영역에 해당된다면 그것도 괜찮습니다. 그것이 자신의 기질입니다.)

어린 시절을 돌아보세요. 자신의 기질과 환경이 서로 많이 충돌했나요? 그래서 비판을 받거나, 학업이나 사회에서 성공할 수 없을 거라는 내적 좌절감이 생겼나요? 이 질문을 생각할 때 스스로에게 따뜻한 마음을 가지세요. 어린 시절에는 아이의 기질에 맞게 최대한 환경을 맞춰

주는 것이 부모와 교사가 할 일입니다. 부모와 교사가 아이들보다 훨씬 선택의 여지가 많으니까요. 성인이 된 지금의 환경은 자신과 잘 맞는지도 생각해 보세요.

내 기질의 강점은 무엇입니까? 화를 잘 내는 사람들은 불의를 잘 포착하는 사람들입니다. 불안감이 많은 아이들은 매우 양심적인 경우가 많습니다. 내향적인 사람들은 내면의 삶이 풍요롭습니다. 타고난 성향 중에서 표현 욕구가 좀더 강한 것은 무엇입니까? 그런 다음 직업, 연애 상대, 주위 환경, 스케줄 등의 측면에서 내가 가진 기질의 강점을 북돋워주고 잘 이용할 수 있는 환경은 어떤 것인지 생각해 보세요. 자신의 강점을 끌어내도록 현재 환경을 약간 바꾸기 위한, 또는 좀더 적절한 환경을 만들기 위한 좋은 방법은 무엇일까요?

기질적으로 생기는 욕구는 무엇이고 취약한 부분은 무엇입니까? 가령, 기운이 넘치고 활발한 사람은 자극이 많이 필요합니다. 그렇지 않으면 삶이 너무 밋밋하다고 느낄 것입니다. 외향적인 사람은 다른 사람들과의 접촉이 많은 직업이 좋고, 우울한 사람은 일방침에 취약합니다. 욕구를 어떻게 처리하고 취약한 부분을 어떻게 보호할지 생각해 보세요. 불안감이 많은 성격이라면(나도 이 부류에 속합니다) 집이나 직장에서 예측 가능한 체계, 그리고 믿음을 만들어낼 수 있는 일을 하는 것이 특히 중요합니다.

이처럼 기질에 대한 여러 측면을 고려해 볼 때, 어떤 문제는 자신이나 환경에 있는 것이 아니라 자신과 환경의 '궁합'에 있을 수도 있습니다. 자신이 겪은 스트레스나 고통에 대해 연민의 마음을 가지세요. 동그란 구멍에 들어가지 않는 네모난 말뚝처럼 환경과 맞지 않아 참고 견뎌야 했던 자신을 칭찬해 주세요. 맞지 않는 환경 속에서 자연스럽게 생긴 잘못된 믿음, 부족한 사람이라는 생각은 떨쳐버리세요. 환경은 본질적으로 틀리거나 나쁜 것이라기보다 나와 잘 맞지 않았던 인간 외적인 요소입니다(다른 사람에게는 잘 맞았을 수도 있겠지요). 이 부분에서 용서가 도움이 될 수 있을지 한번 생각해 보세요.

마지막으로, 완벽한 기질은 없다는 점을 잊지 마세요. 개인 한 사람 한 사람은 기본 인간 유형에서 변형된 독특한 개성을 가진 존재입니다. 다만 자신의 기질에서 유머를 찾을 수 있다면 기질도 좀 부드러워지고 사람들과의 관계도 편안해집니다. 예를 들어, 나는 어느 날 치료 상담을 할 때 메모장을 탁자 가장자리에 딱 맞게 놓았습니다. 그러자 고객이 장난스런 미소를 지으며 그 메모장을 슬쩍 밀어 비뚤어지게 했습니다. 예전에 상담할 때 나도 그 고객처럼 강박증적인 성향이 있다고 털어놓은 적이 있었기 때문에 우리는 그 장난에 한바탕 크게 웃었답니다. 그런 다음 나는 다시 메모장을 똑바로 놓았지요. 너무나 신경이 쓰였거든요.

44장 내면의 아이 사랑하기

Why 인생을 살면서 겪은 이런저런 경험은 그랜드 캐니언 협곡의 알록달록한 바위층처럼 인간의 마음 속에 차곡차곡 쌓입니다. 가장 밑바닥 층은 뇌가 가장 예민한 시기인 어린 시절에 생긴 것입니다.

경험의존적 신경가소성(뇌의 신경회로가 외부의 자극과 경험, 학습을 통해 구조 및 기능적으로 변화하는 현상-옮긴이) 때문에 어렸을 때 느끼고 원하고 믿었던 것은 신경계에 깊이 남습니다. 아기였을 때 누군가가 올 때까지 울었던 기억, 걸음마를 시작할 때의 기쁨, 친구들과의 즐거운 기억, 학교 숙제 때문에 야단 맞고 속상했던 기억, 부모님과의 주도권 싸움, 고등학교 때 남들보다 몸이 크거나 작거나 달랐으면 하고 바랐던 기억, 나를 있는 그대로 좋아해 줄 사람이 있을까 하는 의문, 집을 떠날 때의 달콤쌉싸름한 설렘 등 어린 시절이 어떠했든 이런 기억들은 마음 깊이 남아 어디를 가든 늘 우리와 함께 합니다.

전체적으로 이런 기억의 파편들은 '내면의 아이'를 형성합니다. 내면의 아이는 그냥 상투적인 표현이 아니라 인간의 뇌 깊숙이 자리잡은 커다란 시스템으로서, 개인의 기분과 자존감, 예상, 반응에 지속적이며 강력한 영향을 미칩니다. 내면의 아이는 가장 깊은 곳에 있는 개인의 본질입니다.

이 아이에 대해 스스로 부끄럽고 수치스럽게 여기거나, 비판하거나, 억제하거나, 억압하거나, 밀어붙이거나, 화를 내면 기분과 행동에도 영향을 미칩니다. 따라서 내면의 아이를 자신의 일부로 받아들이고, 부드럽게 이끌어주고, 소중하게 잘 보살펴주면 마음의 가장 깊은 부분을 치유하고 건강하게 만들 수 있습니다.

내면의 아이가 추상적이고, 피상적이고, 감상적으로 생각될 수 있습니다. 현실감이 들도록 구체적인 경험을 떠올려 보세요. 유년 시절은 대개 어떤 식으로든 험난하게 마련이지요. 어릴 때 마음에 상처를 입었거나, 실망했거나, 실패자 같은 기분이었거나, 인정받고 사랑받고 싶었지만 그러지 못했거나, 큰 꿈이 있었지만 가슴에 묻어버렸거나, 자신과 인생에 대해 어린이의 논리로 결정을 내렸을지도 모릅니다. 이런 사건은 실제로 있었던 일이고, 정말 영향을 주었던 일입니다. 하지만 우리는 항상 소망했던 것처럼 강하고 현명하고 사랑이 넘치는 친구가 되고, 부모가 될 수 있습니다.

How 누군가로부터 보살핌을 받는 느낌을 인식해 보세요. 그 다음 친구나 가족, 애완동물을 아끼고 보살피는 마음을 느껴보세요. 관심을 가지고, 응원하고, 보살펴주는 느낌에 푹 빠져보세요. 그 느낌이 가슴과 마음을 채우도록 하세요. 그런 다음 그 느낌을 계속 유지하면서 보살핌의 대상을 자기 자신, 특히 어린아이인 자신으로 바꿔보세요.

이제 어린 시절로 돌아가 가장 먼 옛날의 기억을 떠올려 보세요. 구체적인 경험의 내용이 아니라 당시의 느낌을 떠올려 보세요. 어린아이였을 때 기분이 어땠나요? 학교에 다닐 때는요? 고등학교 때는? 가장 행복했던 시절은 언제였나요? 가장 속상했던 때는? 어린 시절 좋았던 일은 무엇이고 나빴던 일은 무엇이었나요? 누군가 진심으로 날 이해해주고 내 편이 되어주는 느낌을 받았을 때는 언제였나요? 그렇지 않았던 때는요? 어린 시절 자신의 어떤 면이 빛을 발했고, 어떤 부분이 상처를 받았나요? 마음 깊은 곳의 나는 어떤 아이였죠? 자신의 가장 좋은 부분이 드러난 때는 언제였나요? 그 부분은 지금 어떻게 되었나요?

이런 질문에 대해 생각하면서 자신에 대한 보살핌의 느낌을 최대한 계속 유지해 보세요. 어렸을 때의 경험을 계속 생각하되, 그걸 비판하거나, 정당화하거나, 부끄럽게 생각하지 마세요. 모든 사람의 내면에 있는 상처받기 쉬운 아이는 대개 거절당할 거라고 생각하기 때문에 눈물을 글썽이거나, 훌쩍거리고, 콧물을 흘리고, 울먹이고, 보채고, 겁먹고, 화난 얼굴을 보여주기를 두려워합니다. 이 아이를 밀쳐버리지 마세요. 아이는 모습을 드러내고 싶지만 두려워서 그러지 못합니다. 아이가 여러분에게 모습을 드러내도 안전하다고 느끼게 해주세요.

내면의 아이가 밖으로 나오게 할 방법을 찾아보세요. 내 친구인 레슬리는 와이오밍으로 이사를 가게 되었다며 그곳의 멋진 자연을 여기저기 여행할 것이라고 아이처럼 좋아하더군요. 뭔가 성취하려 하지 않고 그냥 자유롭고 즐겁게 말이지요. 회사에 갈 때 평소에 다니는 길 말고 다른 길로 한번 가보세요. 정원 가꾸기, 공예, 미술, 음악, 운동을 시작하거나, 예전에 했는데 손을 놓고 있었던 일에 다시 도전해 보거나, 너무 심각하고 진지한 태도(나도 이런 편입니다)를 버리고 바보처럼 굴거나, 아이들과 같이 놀거나, 마구 어지르는 등, 내면의 아이에게 진정 원하는 것이 무엇인지 물어보세요. 정해진 일상과 한계에 너무 얽매이지 말고, 긴 여름 방학을 맞이한 어린아이의 기분을 떠올려 보세요. 우리 앞에도 긴 인생이 펼쳐져 있습니다. 신나게 즐기세요!

지나간 유년기는 돌이킬 수 없다는 사실을 받아들이세요. 현재 사람들과의 관계 속에서 적절한 관심과 사랑을 받을 것이라고 스스로에게 믿음을 주세요. 하지만 내면의 아이를, 그리고 그 아이가 자라 어른이 된 지금의 나를, 가장 많이 응원하고 지지하고 보호하고 아껴주는 것은 다름 아닌 나 자신이라는 엄연한 진실을 잊지 마세요. 내면의 아이와 어른 모두 따뜻하게 보듬어 주세요.

45장 화살 던지지 않기

Why 사람에게는 피할 수 없는 육체적, 정신적 고통이 있습니다. 6살 때 나는 빙판길에 미끄러져 넘어지면서 꼬리뼈를 심하게 부딪쳤는데 그때 매우 아팠지요. 세월이 많이 흘러 내가 50대일 때 어머니가 돌아가셨는데 그때 느낀 고통은 좀 달랐습니다. 육체의 생존을 위해서는 병에 걸리거나 다쳤을 때 아프다는 것을 몸에서 알려주어야 합니다. 정신적 건강과 원만한 대인관계를 위해서는 거절당하거나, 학대를 받거나, 위협을 받을 때 마음에서 외로움이나 분노, 공포 등 적절한 정신 신호를 보내주어야 합니다.

붓다의 비유를 인용하자면 삶의 피할 수 없는 고통은 '첫 번째 화살'입니다. 그런데 인간은 이 화살에 엉뚱하게 '반응'하여 상처를 더 악화시킵니다. 예를 들어, 단순한 두통을 가지고 뇌종양일지도 모른다는 불안에 빠지거나, 사랑하는 사람에게 거절당하고 자신을 심하게 비하하는 식이지요.

뿐만 아니라 실제로는 아무 일도 없는데 부정적인 반응을 보이는 일도 흔합니다. 안전하게 운항중인 비행기를 타고 가면서 비행기가 추락하지 않을까 걱정하거나, 즐거운 데이트를 한 후 상대로부터 하루만 전화가 걸려오지 않아도 실망을 하는 것입니다.

정말 터무니없지만 사람들은 가끔 좋은 일에도 부정적으로 반응하기도 합니다. 칭찬을 들었는데도 정작 스스로 무가치하다고 느끼거나, 직장에서 좋은 기회가 주어졌지만 그 일을 해낼 수 있을지 계속 걱정하거나, 지금보다 깊은 우정을 제안해 오면 상대를 실망시키지 않을까 걱정하지요.

이 모든 부정적인 반응은 '두 번째 화살'로서, 자신이 스스로에게 던지는 화살입니다. 두 번째 화살에는 작은 일에 과잉반응 보이기, 원한 품기, 자기 합리화, 불필요한 죄책감, 과거에 집착하기, 판단력 잃기, 통제할 수 없는 일 걱정하기, 사람들과의 대화를 마음 속에서 계속 곱씹어보기 등이 포함됩니다.

두 번째 화살은 첫 번째 화살보다 엄청나게 많습니다. 사람들은 인생이라는 다트판에서 스스로 던진 화살 때문에 피를 흘리고 있습니다.

나 스스로 화살을 던지지 않아도 인생을 살다 보면 수많은 화살이 날아옵니다.

How 첫 번째 화살은 피할 수 없습니다. 화살을 맞으면 물론 아픕니다. 고통은 피할 수 없는 삶의 대가입니다. 고통이 마치 개인에 대한 모욕인 것처럼 불쾌하게 생각하거나, 개인의 실패인 것처럼 부끄럽게 생각하지 마세요.

고통이 찾아오면 인식의 넓은 공간 속에서 고통을 가라앉히세요. 큰 숟가락에 소금을 가득 떠서 물이 든 컵에 부어 그대로 마신다고 상상해 보세요. 아주 역겨울 것입니다. 이번에는 아주 커다란 그릇에 소금 한 숟가락을 넣고 저어서 한 컵 정도 떠서 마신다고 생각해 보세요. 아까보다는 한결 낫습니다. 소금의 양, 즉 육체적·감정적 고통의 양은 똑같지만 그릇이 훨씬 더 커져서 소금기가 희석되니까요. '인식'의 방대함을 느껴보세요. 인식은 하늘처럼 끝이 없습니다. 고통은 폭풍처럼 하늘을 스쳐 지나갈 뿐 결코 인식 자체에 흔적을 남기거나 해를 주지는 않습니다. 고통에 반응하지 말고 그냥 내버려 두세요. 이것이 무조건적 내적 평화의 핵심입니다.

두 번째 화살을 잘 관찰해 보세요. 다른 사람들이 자신을 향해 이런 화살을 던질 때를 잘 관찰하면 더 쉽게 알 수 있습니다. 그리고 자신이 그런 행동을 할 때를 생각해 보십시오. 두 번째 화살에 대한 인식과 깨달음이 확실해지면 화살을 던지려는 충동이 이는 순간을 알아차릴 수 있을 것입니다. 그럴 때는 화살로 자신을 찌르려고 하기 전에 화살을 잡으세요.

두 번째 화살은 종종 정신적으로 연쇄반응을 일으킵니다. 바위 하나가 굴러서 산사태를 일으키듯 말이지요. 이런 상황을 막으려면 최대한 자신의 몸을 이완시키세요. 이렇게 하면 마음을 차분하게 진정시키는 부교감 신경을 활성화시키고 '싸움-도망 반응'을 유발하는 신경계를 억제합니다.

다음으로, 괴로운 상황에 처했다면 그 상황을 여러 측면에서 보고, 현재 자신의 삶을 종합적으로 살펴보세요. 특히, 문제가 없는 부분에 주목하세요. 뇌는 부정적인 성향 때문에 잘못된 것에 집착하므로 시야를 넓혀서 좋은 부분을 볼 필요가 있습니다. 큰 그림을 보면 두 번째 화살을 생각하는 정중선(뇌의 좌반구와 우반구를 가르는 중심선. 이 근처에 희로애락을 관장하는 뇌세포들이 모여 있다고 함-옮긴이) 신경망을 비활성화시키고, 사물을 있는 그대로 받아들이도록 하는 뇌 측면의 신경회로를 자극합니다.

타오르는 불길에 장작을 더 넣지 마세요. 걱정하고, 자신을 비판하고, 억울한 느낌을 가질 이유를 더 찾지 마십시오. 자신에게 화가 난 자신에게 화를 내지 마세요!

두 번째 화살을 던질 때 가장 아픈 사람은 바로 자신입니다. 두 번째 화살로 인한 고통은 그 고통이 크든 작든 불필요합니다. 속담에도 있듯이, 고통은 피할 수 없지만 고통으로 괴로워하는 것은 자신의 선택입니다.

46장 불완전함에 대한 불안 버리기

Why '불완전함'은 어디서나 볼 수 있습니다. 지저분한 방, 더러운 옷, 잡초, 교통 체증, 소풍날 내리는 비, 카펫의 와인 얼룩, 부상, 질병, 장애, 통증, 문제(자신의 문제뿐 아니라 다른 사람과의 문제도 포함하여), 방해, 손실, 부서진 물건, 실수, 잘못, 혼란, 모호함, 전쟁, 기아, 가난, 억압, 불의 등이 모두 포함되지요.

한 마디로 내가 여기서 말하는 불완전함은, 합리적 기준으로 볼 때 정상적인 범위에서 벗어나는 것(신발에 껌딱지 묻는 것도, 전세계 인구 여섯 명에 한 명 꼴로 굶주림에 시달리는 것도 이상적인 상황이 아닙니다)입니다. 이렇게 불완전한 상황은 피해를 가져오며, 따라서 뭔가 조치를 취하는 것이 합리적입니다.

하지만 사람들은 대개 그 정도로 끝나지 않습니다. 불완전함을 어디서나 볼 수 있고, 피할 수 없고, 정상적인 삶의 측면으로 인식하기보다는 불완전함 그 자체에 대해 불안해 하고, 초조해 하고, 심란해 하고,

스트레스를 받습니다. 잡초, 부상, 다른 사람과의 갈등 등 불완전한 상황을 있는 그대로 보고 처리하기보다 그 상황이 갖는 의미가 무엇인지 고민하면서 투덜거리고, 낙담하고, 비판적으로 생각하고, 자신과 남을 비난하고, 내 신세는 왜 이럴까 괴로워하다가 실망하고 억울해 하고 자책합니다.

불완전함에 대한 이런 반응은 45장에서 설명했듯이 심각한 두 번째 화살입니다. 이런 반응은 필요 이상으로 기분을 나쁘게 하고, 대인관계에서 문제를 만들며, 성숙한 행동을 어렵게 만듭니다.

여기 그 대안이 있습니다. 컵이 깨졌으면 아무런 판단이나 저항, 비난, 걱정도 하지 말고 그냥 깨졌나 보다 하세요.

How 상황을 개선하기 위해 적절한 노력을 기울이되 완벽한 개선은 불가능하다는 점을 인식하세요. 아무리 최첨단 기술을 동원해도 '완벽하게' 평평한 테이블을 만들 수는 없습니다. 자신의 성격이나 생각, 행동을 완벽하게 만드는 일은 불가능합니다. 완벽해지려고 노력하는 것은 젤리를 다듬으려는 것과 같습니다. 다른 사람이나 세상을 완벽하게 하려는 것도 마찬가지입니다. 이 사실을 받아들이세요. 사랑하는 사람을 완벽하게 보호할 수는 없으며, 건강에 해로운 요소를 모조리 제거할 수도 없고, 사람들이 멍청한 짓을 하지 못하도록 할 수도 없습니다. 이 사실을 받아들이는 일이 처음에는 고통스럽고 슬플 수도 있지만, 일단 받아들이면 신선한 공기를 마시는 기분, 해방감, 할 수 있는 일을 할 에너지가 솟아오름을 느낄 것입니다. 완벽함을 추구하면서 절망감을 맛볼 일이 없으니까요.

야구의 스트라이크 존이나 세상의 온갖 종교적 가르침에서 추구하는 목표 등 사람은 기준과 이상이 필요하지만 때로는 이런 기준과 이상을 가볍게 볼 필요도 있습니다. 그렇지 않으면 그 기준과 이상은 작은 폭군처럼 마음 속에서 '이거 해야 해, 저거 하면 나빠' 하며 계속 지시를 내릴 테니까요. 자신과 타인, 세상은 어떠해야 한다는 자기만의 도덕적 고집에 주의하세요. 자신에게 완벽주의 경향이 있는지 파악하세요(나도 그런 편입니다). 그런 부분을 조심하지 않으면 같이 살거나 함께 일하기가 힘들어지고 스스로도 불행해집니다.

또한 완벽함의 기준을 적용할 수 없는 것들도 많습니다. 완벽한 장미나 완벽한 아이 같은 것이 있을 수 있을까요? 이런 경우 완벽함을 추구하는 것은 어리석은 일이지요. 자신의 몸, 직업, 대인관계, 가족, 사업, 정신적 수련을 완벽하게 하려는 것도 마찬가지입니다. 소중히 가꾸고 꽃 피우도록 노력하되 완벽하게 하려는 생각은 포기하세요.

무엇보다도, 아무리 불완전한 상황이더라도 모든 상황은 그 자체로 완벽합니다. 침대는 완벽하게 흐트러졌고 우유는 완벽하게 쏟아졌지요. 도덕적으로나 실용적인 의미에서 '완벽'하다는 뜻이 아닙니다(셔츠를 찢거나 전쟁을 일으키는 것이 완벽한 일이 아닌 것처럼). 하지만 모든 상황은 철저히 완벽하게 그 자체로 존재합니다. 그런 의미에서, 더러운 기저귀

나 일상의 귀찮은 일, 암, 비행기 추락 등 어떤 일이든 그것은 우주 전체의 완벽한 변화 과정에서 지금 이 순간에 나타난 '결과'입니다. 이 우주의 변화 과정을 방대하고 객관적인 과정으로 보려고 노력하세요. 그 안에서 개인의 소망들은 태평양에 이는 거품만큼이나 대수롭지 않습니다. 이런 사실에 비추어 볼 때 완벽함과 불완전함을 구분하는 것은 무의미합니다. 완벽함과 불완전함은 그 나름대로, 그 자체로 의미가 있으며, 좋거나 나쁘다, 아름답거나 추하다, 완벽하거나 완벽하지 않다고 말할 수 없습니다. 이렇게 생각하면 불완전함에 대한 불안도 사라질 것입니다. 오직 단순함, 명쾌함, 적극성이 있을 뿐이며 결국 평화가 찾아올 것입니다.

47장 내면의 집

Why   뇌의 복잡한 진화 과정을 단순하게 설명하자면 인간의 뇌는 다음과 같이 세 단계에 걸쳐 진화했습니다.

- 파충류, 어류 — 뇌간, 위험 회피에 집중
- 포유류, 조류 — 대뇌 변연계, 보상 추구에 집중
- 인간 — 대뇌피질, 사람과의 교감에 집중

사이코패스 범죄자든 성자(聖者)든 회피, 추구, 교감의 세 가지 시스템은 언제나 작용합니다. 중요한 것은 그것이 자신과 타인에게 행복과 이익을 주는 좋은 방향으로 작용하는가, 아니면 고통과 해를 주는 나쁜 쪽으로 작용하는가의 차이입니다.

이 세 가지 시스템이 좋은 방향으로 작동할 때, 즉 기분이 좋거나 충만한 상태에 있거나 자신의 잠재능력을 최고로 발휘하거나 정신적 활동이 활발할 때, 뇌에서는 어떤 일이 일어날까요? 이 질문에 대한 답은 중요합니다. 그 답을 알면, 좋은 마음 상태와 관련된 신경망을 의도적으로 자극하여 점점 강화시킬 수 있기 때문이지요.

삶에 별 문제가 없을 때, 다시 말해 안정감, 성취감, 사랑받는 감정을 느낄 때 뇌의 회피 시스템은 차분한 상태이며, 보상 추구 시스템은 만족한 상태이고, 교감 시스템은 배려하고 보살피는 상태입니다. 이는 뇌의 '감응' 모드로서, 이런 상태의 뇌는 사람을 즐겁게 하고 진정시켜 주고 힘을 충전시켜 줍니다. 뇌가 '집'에서 편안히 쉬는, 정말 좋은 상태를 말하지요.

이번에는 나쁜 측면입니다. 인간은 예민하게 '반응'하는 기제도 발달했습니다. 이 기제는 뇌에서 '싸움-도망 반응'을 작동시켜, 백만 년 전 인류의 조상이 이빨을 드러내고 으르렁거리는 표범을 만났을 때나 오늘날 우리가 저녁 밥상에서 마주한 사람의 찡그린 표정을 보았을 때처럼, 스트레스를 받으면 긴장 반응을 유발합니다. 조금이라도 위협을 느끼면 회피 시스템은 '증오' 상태로 넘어갑니다(공포와 분노의 범위를 모두 포괄하기 위해 강하고 전통적인 단어를 씀), 조금이라도 좌절하거나 불만스러울 때 보상 추구 시스템은 갈망에서부터 강렬한 집착이나 중독에 이르기까지 '탐욕' 상태가 됩니다. 가볍게 거절당하거나 무시당했다고 느껴도 교감 시스템은 '상심'(가벼운 상처에서부터 버림받음, 무가치함, 외로움 등 끔찍한 기분) 상태로 넘어갑니다.

이 반응 모드는 인류의 조상들이 거친 야생에서 생존하는 훌륭한 방법이었으며, 오늘날에도 급박한 상황에서 매우 유용합니다. 하지만 장기적인 건강과 행복을 위해서는 좋지 않습니다. 뇌가 반응 모드에 들어가면 인간은 매번 압박감, 걱정, 불안, 실망, 소외감, 우울함을 느낍니다. 반응 모드에 들어가면 사자, 다른 영장류, 다른 인간의 공격을 피하기 위해 진화한 스트레스 메커니즘이 작동하기 시작합니다.

내면의 집에서 멀어지게 하는 반응 모드가 작동하는 정도는 대부분 가볍고 견딜 만한 것입니다. 하지만 대개의 경우 너무 자주 끊임없이 작동하다 보니 마음이 내면의 집에서 벗어난 상태가 일상이 되어버립니다. 이런 상태는 기분이 나쁠 뿐 아니라 건강에도 해롭습니다. 만성 스트레스는 면역계 약화, 소화 불량, 호르몬 활동 방해, 심장마비나 뇌졸중 위험 상승 등 여러 증상을 유발하기 때문이지요. 스트레스는 정신 건강도 해칠 수 있습니다. 비관주의, 우울감, 우울증이 생기고, 불안과 성마름이 악화되며, 학습된 무력감, 움츠러들고 소심한 태도가 생길 뿐 아니라 작은 꿈에 만족하게 되고, 자신에게 더욱 집착하고, 다른 사람을 두려워하고 심지어 미워하거나 공격하게 됩니다.

그러니 '집'으로 갑시다.

How 이 책은 차분함, 만족감, 배려와 보살핌을 위한 수련으로 가득하며, 《붓다 브레인》을 비롯한 많은 사람들의 글과 가르침 속에도 좋은 방법들이 많습니다. 그러므로 나는 이 책에서 뇌의 감응 모드를 작동시키는 특별한 방법을 따로 다루지는 않을 생각입니다. 좋은 기분을 느끼고, 일상 속에서 평화로움, 행복, 사랑을 찾으려고 노력하며, 행복에 잠길 수 있는 모든 순간을 놓치지 않는 것이 핵심입니다.

그 이유는 바로 여기에 있습니다. 뇌의 감응 모드에서 편안하게 휴식을 취할 때마다 다시 '집'에 돌아가기가 쉬워집니다. 함께 활성화되는 신경세포는 서로 연결되기 때문입니다. 차분함, 만족감, 배려와 관련된 신경기질을 자극하면 그 부분이 더욱 강화됩니다. 이렇게 하면 '집'에서 쉽게 멀어지지 않습니다. 마음이라는 돛단배의 용골을 길게 하여 아무리 험한 바람이 불어도 쓰러지거나 전복되지 않고 등대, 즉 꿈을 향해 꼿꼿하게 전진할 수 있는 것입니다.

이렇게 했을 때 좋은 점은 인생이라는 여정의 목적, 즉 평화롭고 행복하고 사랑하고 사랑받는다는 목적 자체가 그 목적을 이루는 수단이 된다는 것입니다. 말하자면 열매를 구도의 여정으로 생각하는 것입니다. 높은 산 정상까지 고통스럽게 오를 필요 없이 뇌를 편안하고 자연스러운 상태로 만들어 내면의 집으로 가세요. 매순간 내면의 집을 잘 가꾸고 넓혀주고 아름답게 꾸며주세요. 티베트 사람들 말처럼 "지금 이 순간을 잘 보살피면 먼 훗날 결실이 있을 것"입니다.

48장 피해의식 갖지 않기

Why 중국의 도가 사상가 장자의 우화 하나를 들려드리겠습니다. 어느 일요일, 천천히 흐르는 강에서 친구와 배를 타며 소풍을 즐기고 있다고 상상해 보세요. 갑자기 배 옆에서 쿵 소리가 나더니 배가 뒤집어집니다. 정신을 차리고 주위를 둘러보니 누군가가 몰래 배로 다가와 장난으로 배를 뒤집고는 웃고 있는 것입니다. 기분이 어떨까요?

좋습니다. 똑같은 상황을 다시 한 번 상상해 보세요. 배를 타고 소풍을 즐기나 쿵 소리가 나고, 깅에 빠지고, 정신을 차리고 주위를 봅니다 무엇이 보이나요? 커다란 통나무가 강 밑으로 떠내려오다 배에 부딪친 것이었습니다. 이번에는 어떤 기분이 드나요?

두 경우 모두 결과는 같습니다. 춥고, 흠뻑 젖었고, 소풍을 망쳤지요. 하지만 내가 누군가의 표적이 되었다고 생각하면 기분이 더 나쁘겠지요. 타인의 감정적 반응, 교통 체증, 질병, 직장에서의 부당한 대우를 비롯해서 삶에서 벌어지는 대부분의 일은 수많은 원인에 의해 작동한,

특정 개인과 아무 상관없는 통나무와 같습니다.

어떤 친구가 이상할 정도로 나에게 비판적이라고 합시다. 친구의 그런 태도는 분명 상처가 되므로, 친구와 그 문제에 대해 터놓고 얘기를 하든 절교를 하든 그런 상황을 해결하고 싶을 것입니다.

하지만 그 친구가 왜 그렇게 비판적인지에 대해서도 한번 생각해 보세요. 친구가 내 행동을 잘못 해석했을 수도 있고, 친구 자신의 건강 문제, 고통 등 나와는 상관없는 일에 대한 걱정이나 분노 때문일 수도 있고, 그의 타고난 기질이나 성격, 유년 시절의 경험 때문일 수도 있으며, 어릴 때 부모님의 교육 방식 등 과거에 원인이 있을 수도 있습니다.

대개의 경우 우리는 다른 사람의 드라마에서는 하찮은 단역일 뿐이라는, 소박하지만 놀라운 진실을 잊지 마세요.

사물을 이런 식으로 바라보면 자연스럽게 차분해지고, 상황을 맥락에 비추어서 보게 되고, 자기중심적인 사고에서 벗어날 수 있습니다. 그러면 기분이 나아지고 좀더 차분하게 대처할 수 있습니다.

How 우선 자신에게 연민의 마음을 가지세요. 통나무에 부딪히는 건 분명 짜증나는 일이니까요. 그리고 적절한 행동을 취하세요. 통나무가 다가오는지 유의하고, 충돌했을 때는 충격을 줄이려고 노력하고, 충격을 받은 배, 다시 말해 대인관계, 건강, 재정상태, 직업 등을 최대한 복구하세요. 새로운 강을 찾는 것도 생각해 볼 수 있습니다.

또 이런 방법도 있습니다.

- 어떤 일을 나 개인에 대한 공격으로 받아들이려는 순간을 인식하세요. 그 순간의 느낌이 어떤지, 그 느낌을 버리면 어떤 느낌인지 기억해 두세요.
- 다른 사람의 의도에 대해 추측을 할 때는 신중하세요. 고의가 아닐 수도 있습니다. 나와는 상관없는 열 가지 의도 속에 나를 향한 좋지 않은 목적이 하나 정도 섞인 그런 경우 아니었을까요?
- 수많은 원인 중에 이렇게 한번 생각해 보세요. 다른 이유가 혹시 있지 않을까? 다른 사람의 내면에서는 무슨 일이 일어나고 있을까? 더 큰 그림은 무엇일까?
- 다른 사람에 대해 주관적으로 판단하고 마음대로 심판하지 마세요. 비판적인 생각에 사로잡혀 있으면 항상 남들이 틀렸고, 나쁜 말을 했고, 부당하게 행동했고, 날 괴롭혔고, 나에게 해를 끼쳤고, 고통을 주었다며 매사에 쇠뿔이를 세웁니다. 미런 세김을 명확히 판단하는 것은 좋은 일이고, 도덕적 비판을 해야 할 때도 있습니다. 하지만 임의로 판단하는 것은 일종의 집착입니다. 기분이 나빠질 뿐만 아니라 과잉반응과 훨씬 더 큰 문제를 초래할 수 있습니다.
- 다른 사람에게 연민의 마음을 갖도록 노력하세요. 남들도 그렇게 행복하지 않을지도 모릅니다. 연민의 마음을 가진다고 해서 내가

약해지거나 도덕적으로 상대를 용서해 준다는 것은 아니며, 오히려 기분이 더 좋아질 것입니다.

- 전체적으로 '자의식'(나, 내가, 나의 것 등 '내'가 중심이 되는 생각)을 내려놓으세요. 가령 '소리가 들린다'와 '내가 소리를 듣는다', '어떤 생각이 든다'와 '내가 생각을 한다'의 차이를 한번 느껴보세요. 자의식이 커졌다가 사그라지는 것을 관찰해 보세요. 해결해야 할 문제가 있을 때는 의식이 커지고, 차분하고 행복한 상태일 때는 작아지지요. 이러한 마음 속 자아의 흐름은, 역동적이고 시시각각 진행되는 두뇌 활동과 관련되어 있습니다. 자아와 관련된 생각들은 뇌 전체에 걸쳐 생성되며, 자아와는 무관한 여러 생각들과 함께 의식의 흐름을 관장하는 영역에서 서로 뒤엉키고 부딪칩니다. '나'는 능력이 아니라 하나의 과정, 즉 '자아를 향해 나아가는' 과정입니다. 자의식이 희미해질 때 생기는 편안함과 열린 마음을 즐기세요.

그리고 삶에서 피해의식을 갖지 않을 때 생기는 힘과 평화로움을 느껴보세요.

49장 안전하다고 느끼기

Why 다음 두 가지 착각에 대해 생각해 보세요.

첫 번째 착각, 숲 속에 호랑이가 없지만 호랑이가 있다고 생각한다.
두 번째 착각, 숲 속에 호랑이가 없다고 생각하지만 사실은 호랑이가 웅크리고 있다.

사람들은 일반적으로 두 번째보다 첫 번째 착각을 더 많이 합니다. 이유는 몇 가지가 있습니다.

- 진화의 과정을 거치면서 인간의 뇌는 쉽게 불안해 하는 쪽으로 발전했습니다. 생존해서 유전자를 후대에 넘겨주려면 두 번째 실수를 한 번 하기보다는 첫 번째 실수를 천 번 하는 것이 더 낫습니다. 첫 번째 실수의 대가는 이유 없이 두려움에 떠는 것에 불과하

지만 두 번째 실수의 대가는 죽음이 될 테니까요.
- 이렇듯 인간 두뇌의 부정적 성향은 타고난 기질(천성적으로 불안감이 더 심한 사람들이 있지요)이지만 위험한 동네에서 자랐거나 트라우마를 겪는 등 삶의 경험에 의해 더 심화될 수 있습니다.
- 실제 상황은 안전한 편인데도 살인, 재난, 경제 위기, 다른 사람에게 생긴 끔찍한 일 등 부정적인 뉴스가 마음 속에 파고들어 불안을 낳습니다.
- 역사에서 끝없이 반복되었듯 정치 집단은 상황을 과장하여 권력을 얻거나 유지하려고 합니다.

사실 대부분의 사람들은 종이호랑이를 두려워하며 살지요.

인생에서는 물론 진짜 호랑이를 알아보는 것이 중요합니다. 임박한 대량 해고, 떨어지지 않는 기침, 다락방에 대마초를 심어놓고 키우는 십대, 계속 실망시키는 친구나 동료, 흡연으로 인한 건강 악화 등 진짜 호랑이는 다양한 모습과 크기로 다가옵니다. 이런 진짜 호랑이를 간과하거나 축소하려는 경향이 있는지 인식하고, 호랑이를 물리치기 위해 할 수 있는 노력을 하세요.

그러는 한편, 사람들이 흔히 그러듯 위험은 실제보다 과대평가하고, 내면에 있는 자신의 능력과 주변에서 얻을 수 있는 도움은 과소평가하고 있지 않은지 생각해 보세요. 사실 사람들은 대부분 실제 처한 상황보다 훨씬 더 불안해 합니다. 그로 인해 불안과 걱정이라는 불쾌한 감정이 생기고, 잔뜩 웅크리고 자신의 능력을 최대한 펼치지 못합니다. 또 스트레스로 인해 질병이 생기고, 사람들을 대할 때 참을성과 관용의 능력이 떨어지고, 발끈하고 화를 내는 경향이 커집니다(공격성을 유발하는 것은 대개 공포입니다). 언제나 위험 등급의 테러 경보 상태로 사는 것은 불행한 일입니다. 이성적인 판단으로 최대한 안전하다고 느끼세요.

How 안전하다고 느끼는 것을 불안해 하는 사람이 있습니다. 안전하다고 느끼면 경계를 늦추게 되고, 그럴 때 실제로 나쁜 일이 벌어질 수도 있으니까요. 만약 이런 경우라면 다음의 제안을 자신의 필요에 맞게 적용해서 나름대로의 페이스로 친구나 카운슬러와 얘기해 보도록 하세요.

삶에서 완벽하게 안전한 것이란 없습니다. 누구나 질병, 노화, 죽음, 고통스러운 경험에 직면합니다. 그리고 많은 사람들은 공동체, 직장, 가정에서 불안한 상황에 내서애아민 합니다.

안전하다고 느낄 자격이 있는지 마음 속에서 한번 생각해 보세요. 필요 이상으로 삶과 맞서고, 필요 이상으로 방어하고, 경계하고, 불안해 하고, 얼어 있고, 엄격하고, 변덕스럽지 않은지 돌아보세요.

만약 그렇다면 안전하다고 느끼는 데 도움이 될 몇 가지 방법이 있습니다. 내면에 평온함과 자신감이 생기면 사람들과 주위환경을 점차 현실적으로 볼 수 있습니다.

- 자신을 아끼는 사람과 함께 있는 느낌을 떠올리세요.
- 자신이 강하다고 느꼈던 때를 떠올려 보세요.
- 안전한 곳에 있다고 생각하세요.
- 삶의 난관을 헤쳐 나갈 때 내면과 주변에서 이용할 수 있는 능력과 도움을 마음 속에서 떠올려 보세요.
- 숨을 깊게 몇 번 내쉬고 긴장을 푸세요.
- 보호받는 느낌, 든든한 느낌, 할 수 있다는 느낌, 안전하다는 느낌을 갖도록 노력하세요. 경계, 긴장, 공포의 느낌은 버리세요.
- 안전하다는 느낌이 어떤 것인지 잘 기억하고, 그 좋은 느낌을 마음 속 깊이 새기세요. 그리고 몸이 그 느낌을 기억해서 다음에 그 느낌을 쉽게 떠올릴 수 있도록 해보세요.

두려움이 많은 사람이라면 평상시에 위의 수련법을 아침뿐 아니라 하루에 여러 번 실천할 수 있습니다. 회의에서 발표를 앞둔 상황이나 막히는 곳에서 운전하기, 비행기 타기, 업무 파트너와 까다로운 문제를 해결해야 하는 상황 등 불안한 상황에서도 연습할 수 있습니다. 자기 스스로의 편이 되어, 적어도 조금은, 가능하다면 많이, 안전하다는 느낌을 갖도록 하세요. 그리고 어떤 변화가 오는지 살펴보세요. 만약 일이 잘 풀린다면(대개 그렇겠지만) 그 느낌을 몇 번이고 계속해서 마음 깊이 받아들이세요.

숲 속에 호랑이는 없습니다.

50장 마음 속의 구멍 채우기

Why 사람은 누구나 나이가 들어가면서 안정감, 성취감, 사랑을 필요로 합니다. 아이들은 안전하다고 느끼고 싶고, 청소년들은 독립을 원하고, 청년들은 이성에게 어필하여 매력적인 연애 상대로 느껴지기를 바랍니다. 이런 욕구가 부모의 보살핌, 선생님의 신뢰, 친구의 사랑 등 다양한 '양분'과 만날 때 그 긍정적인 경험이 암묵기억에 깊이 남아서 행복, 자기 통제, 회복력, 자존감, 능숙한 행동의 원천이 됩니다. 건강한 심리 발달은 바로 이렇게 작용하시요.

하지만 항상 이렇게 되지는 않습니다. 저를 포함한 대다수의 사람들은 심각한 학대나 트라우마의 경험이 전혀 없어도 삶에서 이런 '양분'이 너무 부족할 때가 많습니다. 부모님이 너무 바빠서 아픈 형제를 돌봐주지 못했거나, 본인들의 욕구와 갈등을 처리하느라 바빴거나, 어릴 때 이사를 너무 많이 다녀서 친구들과 친해지기가 힘들었거나, 악몽 같은 고등학교 시절을 보냈거나, 사귀고 싶은 이성이 내게 관심이 없었거나, 직장생활은 계속 절망스럽고 맥 빠지거나 하는 식이지요. 한 마디로 평범한 삶입니다.

좋은 양분이 부족하면 내적인 힘의 원천에 결핍이 생깁니다. 나는 동급생보다 한두 살 어렸던 탓에 또래와 어울리면서도 또래로부터 가치를 인정받지 못하는 경험을 했고, 그 결과 성인이 되어서도 집단 속에서 자신감과 자존감이 부족했습니다. 좋은 경험을 하지 못하면 자연히 그에 따르는 결과가 있습니다.

나쁜 일도 마찬가지입니다. 상실, 학대, 거부, 버림받음, 불행, 트라우마 등 나쁜 일을 겪으면 반드시 '상처'가 남습니다. 때로 이런 상처는 좋은 양분을 듬뿍 받아 완전히 치유되기도 하지만 그렇지 않은 경우도 많습니다. 상처는 딱지 밑의 고름처럼 해결되지 않은 감정적 고통을 남길 뿐 아니라, 부러진 발목이 완치되지 않아 평생 절름발이처럼 살아가듯 한 개인이 정상적인 삶을 살아가는 데에도 영향을 미칩니다.

결핍이나 상처는 마음 속에 '구멍'을 남기는데, 결핍과 상처가 서로 겹쳐 악화될 때 구멍은 더 깊어집니다. 나는 고등학교 때 인기가 많았던 여학생에게 거절당한 경험을 생생하게 기억합니다. 그 경험은 그 자체로는 작은 충격이었지만 오랜 세월 또래집단에서 고립된 채 살다 보니 그 충격을 막을 방패나 완충장치가 전혀 없었고, 그 일로 인해 나는 오랫동안 내 자신에 대해 부정적인 생각을 갖고 살았습니다.

누구에게나 결핍과 상처가 있습니다. 그렇다면 결핍과 상처는 어떻게 하면 좋을까요? 삶 자체도 치유 효과가 있습니다. 시간이 흐르면 어린 시절에 겪었던 열차 사고, 중학교 시절, 첫사랑, 마지막 직장, 이혼 등 아픈 기억은 해마다 조금씩 잊혀지고 상처도 서서히 아물어갑니다. 하지만 흐르는 세월 속에서 이루어지는 이 수동적인 치유의 과정은 상처를 완전히 치유하기에는 역부족인 경우가 많습니다. 치유 과정이 너무 느리고, 상처에 충분히 이르지 못하거나, 핵심적인 요소가 빠진 경우도 있지요.

그런 경우에는 마음 속의 구멍을 적극적으로 채울 필요가 있습니다.

How 방법은 기본적으로 간단합니다. 2장의 '좋은 일 받아들이기'를 결핍과 상처에 집중하는 것입니다. 괴혈병에 걸린 선원의 경우와 비슷합니다. 괴혈병을 고치려면 비타민 E가 아니라 비타민 C가 필요합니다. 나는 어릴 때 부모님의 보호를 받으면서도 나름대로 독립적으로 자랐고, 성인이 되어서는 안정감과 자율성을 키워준 소중한 경험도 했지만 이런 것들이 내가 가진 문제를 해결해 주지는 못했습니다. 나의 경우에는 무리 속에 끼고 무리의 존경을 받는 경험이 치유제였던 것입니다.

결국, 자기에게 필요한 비타민 C가 무엇인지 아는 것이 중요합니다(사람에 따라 하나 이상이 필요한 경우도 있습니다). 자신에게 필요한 비타민이 무엇인지 이미 아는 사람도 있겠지만 아직 모른다면 이런 질문을 통해 알아낼 수 있습니다. 결핍이나 상처가 생겼다면, 애초에 그런 결핍과 상처를 해소해 주는 것은 무엇이었을까? 오늘 내가 원하는 것은 무엇인가? 어떤 조건에서 나는 진정으로 행복하다고 느끼고, 최고의 능력을 발휘하는가? 내면의 깊은 갈망을 채워주고 달래주는 경험은 어떤 것인가?

다음은 뇌의 세 가지 동기유발 시스템에 따라 결핍과 상처를 분류하고 그에 맞는 비타민, 즉 치유 효과가 있는 경험을 요약해 보았습니다.

	결핍 또는 상처	비타민
위험 회피	약함, 무력감	힘, 능력
	불안, 공포	안전, 안도감
	분노, 화	자신과 타인에 대한 연민
보상 추구	좌절, 실망	만족, 성취감
	슬픔, 불만, 우울감	기쁨, 만족
교감 추구	눈에 띄지 않음	조화
	거절, 소외	무리에 포함됨
	부적응, 수치심	인정
	버림받음, 사랑받지 못하는 기분	우정, 사랑

일단 자신에게 필요한 심리적 비타민이 무엇인지 파악했다면 나머지는 간단합니다.

- 자신의 삶에서 이런 비타민을 찾고, 그것을 만들어내거나 늘릴 수

있도록 노력하세요. 나는 집단 속에서 사람들이 나를 좋아하고 인정해 주는 느낌을 얻기 위해 항상 기회를 탐색합니다. 또 이런 기회를 만들기 위해 이런저런 집단에 참여하려고 노력합니다.

- 치료에 필요한 비타민은 이벤트가 아니라 '경험'입니다. 보호받고, 성공하고, 인정받는 상황에 있으면 안전하다는 느낌, 성취감, 자부심을 '느끼게' 됩니다. 이는 의미 있는 경험을 유도할 방법이 많다는 뜻이므로 희망적인 얘기지요. 예를 들어, 내가 사람들에게 중요하다는 느낌을 받을 때 마음 속의 구멍이 채워진다고 합시다. 그럴 때는 내가 잘 되기를 바라는 사람들의 행동과 태도를 살펴보면 됩니다. 가게에서 샌드위치를 만들어주는 사람의 미소, 같이 일하는 동료의 응원, 사랑하는 사람의 포옹도 될 수 있겠지요. 현재나 과거의 삶에서 나를 좋아하고 인정해 주는 많은 사람을 생각해 보거나, 파트너에게 다정하게 대해 달라고 하세요(어떻게 하면 나에게 다정하게 대할 수 있을지 상대방의 생각을 들어보세요). 천성적으로 따뜻하고 넘에게 힘이 피어나는 시김들과 좀더 돈독한 관계를 맺도록 노력하세요.

- 완벽한 상황이 아니더라도 취할 수 있는 부분은 취하세요. 가령 직장에서 힘든 프로젝트를 끝냈을 때 몇 가지 미진한 부분보다는 지금까지 이룬 일에 대한 성취감에 집중하세요. 따뜻하고 충실한 이성친구에게서 내가 정말 원하는 것이 낭만적 사랑이라 하더라도 그 친구가 친구로서 보이는 따뜻한 관심을 받아들이세요.

- 2장의 '좋은 일 받아들이기'의 두 번째와 세 번째 단계를 이용해 10초 이상 계속해서 긍정적인 경험을 진심으로 만끽하며 자신에게 늘 필요한 느낌이 온몸으로 스며드는 것을 경험해 보세요.
- 이렇게 할 때마다 뇌에 필요한 영양분을 공급하고 있다는 확신을 가지세요. 20대 초반에 내가 이 연습을 시작했을 때 마음 속의 구멍은 고층 건물의 공사 현장 같았습니다. 하지만 나는 매일 그 구멍에 벽돌(무리에 끼는 느낌을 주는 경험)을 조금씩 쌓아올렸습니다. 벽돌 한 장은 별 차이가 없어 보이지만 매일, 한 해 두 해 꾸준히 쌓다보면 엄청나게 큰 마음의 구멍도 메울 수 있습니다.

51장 놓아버리기

Why 나는 암벽타기를 많이 했기 때문에 '놓아버리지 않기'가 얼마나 중요한지 경험으로 압니다. 놓아버리지 않기는 길을 건널 때 아이 손을 꼭 잡기, 까다로운 상황에서 윤리 지키기, 명상을 할 때 호흡에 계속 유의하기 등 다른 일에도 적용됩니다.

반면, 물질적인 일이든 비물질적인 일이든 자신이 집착하고 버리지 못하는 일로서 자신과 타인에게 여러 문제를 낳는 일들을 생각해 봅시다. 예를 들면 집안에 쌓인 잡동사니, 해야 할 일들, 고집스러운 의견, 원망, 후회, 지위, 죄책감, 명백한 현실에 대한 부정, 남보다 한 발 앞서야 한다는 생각, 과거, 떠나간 사람들, 나쁜 습관, 구제불능 손님들, 힘들기만 한 관계 등입니다.

'놓아버리기'는 여러 가지를 의미할 수 있습니다. 고통을 내려놓기, 고통과 해를 초래하는 말과 행동과 생각 버리기, 부러지기보다 굽히기, 현실을 있는 그대로 받아들이기, 스쳐 지나가는 순간에 매달리지 않고 내버려두기, 존재의 유한성을 받아들이기, 자의식을 줄이고 더 넓은 세상에 마음을 열고 받아들이기 등을 의미할 수 있습니다.

이렇게 살면 마음이 편안해지고, 갈등과 충돌과 스트레스가 줄고, 기분이 좋아지고, 행복해지며, 현실을 있는 그대로 볼 수 있습니다. 이것이 정신수련의 핵심 요소입니다. 태국의 아짠 차 스님의 가르침을 인용해 보겠습니다.

"조금 놓으면 조금 행복해진다. 많이 놓으면 많이 행복해진다. 완전히 놓으면 완전히 행복해진다."

How '놓아버리기'의 지혜에 거부감이 있나요? '놓아버리기'가 약하고 어리석은 일이라고 생각될 수도 있습니다. 또 남녀 성별에 따른 문화나 개인의 경험과 상충할 수도 있습니다.

오래 전 나는 친구 존에게 좋아하던 여자 얘기를 들었습니다. 여자가 분명하게 거절의 뜻을 밝히자 존은 절망하고 상처를 입었다더군요. 내가 그냥 받아들이고 잊으라고 했더니 존은 "난 절대 승복할 수 없어"하며 격하게 반발했습니다. 현실을 인정하고 놓아버리는 것이 겁쟁이나 하는 행동이라는 생각을 존이 버리는 데는 꽤 오래 걸렸습니다(우리는 취할 때까지 마셨고 존이 내 신발에 먹은 걸 토할 때쯤 상황은 잘 마무리되었습니다. 덕분에 나는 신발을 망쳤다는 사실을 인정해야 했지요!).

놓아버리는 데에는 힘과 용기, 의지, 통찰력이 필요합니다. 놓아버리기를 잘하는 사람은 뻣뻣한 참나무보다는 나긋나긋하고 회복력이 강한 버드나무와 같습니다. 참나무는 폭풍 속에서 버티다 부러지는 반면 버드나무는 폭풍 앞에서 휘어질지언정 굳건히 제자리에 서 있습니다.

일상생활에서 자연스럽게 일어나는 '놓아버리기'를 인식하세요. 가령 손에서 물건을 놓친다거나, 수화기를 내려놓을 때, 이메일 보내기 아이콘을 누를 때, 마음 속에서 어떤 생각이나 감정으로부터 다른 생각이나 감정으로 옮겨갈 때, 친구에게 작별인사를 할 때, 계획을 변경할 때, 화장실을 사용할 때, 텔레비전 채널을 바꿀 때, 쓰레기통을 비울 때 말입니다. 놓아버려도 괜찮으며, 나는 계속 앞으로 나아가고 있으며, 놓아버리기는 필요하고 이로운 일이라는 점을 인식하세요. 놓아버리기에 좀더 편안해지세요.

의식적으로 몸의 긴장을 내려놓으세요. 길고 천천히 숨을 내쉬어 부교감 신경계를 활성화시키세요. 배, 어깨, 턱, 눈의 긴장을 풀어주세요.

사용하지 않거나 필요 없는 물건들은 과감히 정리하세요. 옷장, 서랍, 차고에 공간이 생기면 필요나 기분이 좋은기 상상해 보세요.

오랫동안 집착했던 바보 같은 생각 하나를 떠올려 보세요. 내 경우에는 일을 완벽하게 하지 않으면 큰일난다는 생각이 있었습니다. 이 생각을 버리고 더 나은 생각으로 바꾸는 연습을 하세요(나는 '완벽한 사람은 아무도 없으며 완벽하지 않아도 괜찮다'는 생각으로 바꾸었습니다).

불만, 원한, 분한 마음을 하나 선택해서 그 감정을 놓아버리겠다고 다짐하세요. 이는 상대방의 도덕적 책임을 면해준다는 뜻이 아니라 이미 벌어진 일에 대해 계속 화가 난 상태에서 벗어나라는 뜻입니다. 상처받은 감정들이 계속 문제가 된다면 그 감정을 인식하고, 그런 감정을 느끼는 자신에게 친절한 마음을 갖고, 그 감정이 빠져나가도록 부드럽게 다독여 주세요.

고통스러운 감정을 놓아버리는 것은 중요한 화두입니다. 내가 좋아하는 방법을 요약하자면 다음과 같습니다.

- 몸의 긴장을 푼다.
- 문제의 감정이 물처럼 몸 밖으로 흘러나오는 모습을 상상한다.
- 실제로 보내지는 않겠지만 편지를 쓰거나, 적당한 장소에서 큰 소리로 감정을 쏟아낸다.
- 좋은 친구에게 마음 속 이야기를 털어놓는다.
- 긍정적인 감정을 받아들여 마음을 진정시키고, 고통스러운 감정을 점차 긍정적인 감정으로 대체한다.

즐거운 일을 애써 붙잡으려 하지 말고, 불쾌한 일에 저항하지 말고, 중립적인 일들은 일부러 즐거운 일로 만들려고 하지 말고 그냥 내버려두세요. 놓아버리면 고통과 해를 초래하는 갈망과 집착이 사라집니다.

과거의 나를 놓아버리세요. 배우고, 성장하고, 그리하여 변화하게 하세요.

매순간은 스쳐 지나갈 뿐입니다. 놓아버리세요. 눈송이는 우리가 그 형태를 보자마자 이내 녹아버립니다. 순간을 인식한 순간 그 시간은 이미 사라져버립니다. 지금 이 순간이 사라지는 순간, 다음 순간이 찾아와 '지금'이 무한하게 지속되는 기적(어떤 과학자도 이 기적을 완전히 이해하지 못했습니다) 때문에 이 순간을 놓아버려도 우리는 살아갈 수 있습니다.

52장 사랑하기

Why 인간은 누구나 사랑 '받기'를 원하지만 기대했던 모습으로 사랑이 오지 않을 때도 있습니다. 원하지 않는 상대로부터 구애를 받기도 하고 아예 사랑이 찾아오지 않을 수도 있습니다. 그러면 상실감과 무력감이 느껴지겠지요. 억지로 나를 사랑하게 만들 수는 없으니까요.

원하는 사랑을 얻기 위해 할 수 있는 일을 하세요. 하지만 이 책에서 수련할 것은 사랑 '받기'가 아니라 사랑을 '표현'하는 것입니다. 사랑을 받는 것보다 주는 데 집중하면 결과가 아니라 원인에 집중하는 것이 됩니다. 사랑받기 위해 끌려다니는 것이 아니라 내가 사랑의 주체가 되는 것입니다. 이렇게 하면 능률과 자신감, 기분이 상승합니다. 사랑을 주는 것은 현명한 이기심입니다. 사랑을 얻는 최상의 길은 사랑을 주는 것이니까요. 지금 당장은 메아리가 없어도 계속 사랑을 주면 관계를 개선하고 거친 파도를 잠재우는 데 도움이 될 것입니다.

사람들은 사랑을 하면 상처받기 쉽고 정신적으로 고갈될까봐 걱정하지만 실은 사랑 자체가 그런 결과를 초래하는 것이 아닙니다. 자신의 경험을 돌아보면 알 수 있을 것입니다. 사랑을 주면 오히려 보호받고 보살핌을 받는 기분이 듭니다. 사랑을 하는 동안에는 기분이 고양되고 강해진 듯한 느낌이 들지 않습니까?

그것은 인간 본성 깊숙이, 바로 DNA 속에 사랑이 새겨져 있기 때문입니다. 엄마와 자식 간의 애착, 남녀의 결합, 의사소통 능력, 팀워크 등 영장류와 호미니드가 갖고 있던 사랑의 씨앗은 인류의 생존을 도왔고, 이런 특징을 촉진한 유전자들은 진화의 과정 속에서 후세대로 전해졌습니다. 선순환이 만들어진 것이지요. 보호가 필요한 유년기가 길어지면서, 이 길어진 유년기를 잘 보내기 위해 뇌의 크기도 커졌습니다. 이로 인해 사랑의 능력이 더 발전했지요. 약 250만 년 전 호미니드가 석기를 만들기 시작한 이후로 뇌의 크기는 약 세 배로 커졌고, 이렇게 커진 뇌의 상당 부분은 사랑과 관련된 능력에 관여합니다.

건강하고 완전한 삶을 위해 인간은 사랑을 주어야 합니다. 사랑을 억누르면 자신의 존재를 억누르는 셈이 됩니다. 사랑은 물과 같아서 자유롭게 흐르도록 해야지 그러지 않으면 한 곳에 고여 냄새가 납니다. 사랑이 넘치는 사람의 얼굴을 보면 정말 아름답지 않습니까? 사랑은 내면의 오랜 상처를 치유하고, 잠자고 있던 에너지와 재능을 일깨웁니다. 사랑은 또한 깨달음에 이르는 심오한 길로서, 세상의 주요 종교에서 핵심적인 역할을 합니다.

세상은 사랑을 필요로 합니다. 한 집에서 같이 사는 사람, 직장 동료,

가족과 친구, 멀리 또는 가까이 있는 사람, 상처투성이의 지구가 우리의 사랑을 필요로 합니다.

사랑에서 우러나온 한 마디 말, 생각, 행동에서 퍼져나갈 수 있는 파장을 결코 과소평가하지 마세요.

How 사랑은 숨쉬기처럼 자연스러운 일이지만 숨이 막히듯 벽에 가로막힐 수도 있습니다. 다음과 같은 방법을 통해 때로는 놓아주고, 강하게 해주고, 보다 자유롭게 흐를 수 있도록 해야 합니다.

- 나를 소중히 여기는 사람들과 함께 있는 느낌을 떠올리고, 보살핌을 받는 '느낌'을 받아들이세요. 이 느낌이 충만해지면 심장이 따뜻해지고 얼굴은 온화한 표정을 띱니다. 이 느낌에 깊숙이 빠져드세요. 거절 등 보살핌과 반대되는 생각이 떠올라도 괜찮습니다. 잠시 그 생각을 관망한 다음 다시 보살핌을 받는 느낌으로 돌아가세요. 그러면 자신을 사랑하는 마음과 관련된 신경회로가 활성화될 것입니다.
- 심장 주변을 느껴보고 감사, 연민, 친절 등 진심에서 우러나는 감정들을 떠올려 보세요. 심장박동의 미세한 간격 차이를 일치시켜 들숨과 날숨의 길이를 같게 하세요. 들숨은 심박을 빠르게 하고 날숨은 심박을 느리게 하기 때문입니다. 심장과 사랑은 비유적 표

현 이상의 밀접한 관계가 있습니다. 심혈관계와 신경계는 사랑하는 사람들의 깍지 낀 손처럼 체내에서 서로 뒤엉켜 있습니다. 그래서 이런 연습은 행복감을 더욱 높이고, 타인에게 더 따뜻한 마음을 갖게 합니다.

- 타인에 대해 좋은 생각을 함으로써 이런 사랑의 감정을 키워보세요. 가령 '당신이 잘 되기를 바라. 아프지 않으면 좋겠어. 평화롭고 편안하게 살기를 원해'라고 생각하는 것입니다. 누군가에게 화가 났으면 화난 감정을 인식하면서도 동시에 사랑하는 마음을 가질 수 있습니다. '너한테 화가 났지만 또 날 상처 주게 하지 않을 거야. 네가 진정한 행복을 찾기를 바라고 여전히 네가 잘 되기를 바라.'

의식적으로 사랑의 마음을 갖는 것은 가짜라거나 이류라는 편견이 있습니다. 하지만 두 가지 이유에서, 의지가 담긴 사랑도 역시 사랑입니다. 우리가 발견하는 세상은 거짓이 아닌 진실이며, 그 사랑을 불러오는 노력은 마음 깊은 곳에서 우러나오는 배려이기 때문이지요.

사랑은 용기를 내는 것입니다. 용기의 원래 의미는 '심장' 또는 '마음'입니다. 나는 산에서 아슬아슬하고 위험한 상황을 많이 겪어보았지만, 처음 진심으로 사랑했던 여자친구에게 사랑한다고 말하기 직전에 훨씬 더 큰 두려움을 느꼈습니다. 일방적으로 끝날 수도 있는 사랑을 주는 것, 사랑하는 모든 것과 언젠가는 헤어질 것임을 알면서도 사랑하는 것, 사랑에 모든 것을 걸고 주저하지 않는 데에는 용기가 필요합니다.

때로 나는 이렇게 자문합니다. '나는 사랑할 용기가 있는가?'

사랑의 기회는 누구에게나, 매일, 수없이 다가옵니다.

만약 이 책에 소개된 수련 가운데 한 가지만 선택해야 한다면 사랑을 택하기 바랍니다.

옮긴이 후기

"마음이라는 것은 심장에 있을까, 뇌에 있을까?"

문득 이런 의문이 떠오른 적이 있다. 중국인들은 마음이 심장에 있다고 생각했던 것 같다. 심장(心臟)이라는 한자에 '마음'을 뜻하는 한자 '심(心)'을 쓴 걸 보면 말이다. 서양인들 역시 '심장'을 뜻하는 'heart'를 '마음'이라는 의미로 자주 쓴다. 사람들은 보통 극심한 마음의 고통을 심장이 찢어지는 아픔에 비유하기도 하고, 자식이나 사랑하는 사람을 사고로 잃고 울부짖는 사람들은 흔히 가슴, 즉 심장을 쥐어뜯으며 마음의 고통을 표현한다. 하지만 뇌과학자들은 인간의 희로애락의 감정은 모두 뇌에서 비롯된다는 사실을 과학적이고 재관적인 연구를 통해 조금씩 드러내 보이고 있다.

이 사실이 의미하는 바는 매우 크다. 역자는 특별히 종교가 없고 신의 존재를 열심히 믿지는 않지만(그렇다고 신의 존재를 부정하는 것도 아니다), '모든 일은 마음먹기 달렸다'는 말은 예전부터 개인적으로 큰 울림이 있었다. 그래서 뜻대로 되지 않는 일이 있으면 오래 괴로워하지 않고 '놓아버리고' 마음의 평화를 찾는 쪽에 속했다. 이런 '포기' 또는 '놓아버리기'가 언제나 쉬운 것만은 아니었고 때로는 포기하는 자신이 근성도 끈기도 없는 나약한 인간처럼 여겨져 한심해 한 경우도 많았다. 하지만 이 책을 번역하면서 나는 나 자신을 많이 칭찬해 주었다. 남들은 뭐라고 하든 나는 내 손을 떠난 일에 매달리지 않고 '놓아버림'으로써 나 자신을 행복하게 해주었다.

    저자는 이 책에서 '나'에 너무 집중하지 말고 내가 살고 있는 이 세상, 나아가 끝을 알 수 없는 무한한 우주 공간에서 나라는 존재가 얼마나 작고 미미한지를 생각해 보라고 했다. 개인의 욕망이나 소망은 드넓은 바다에 이는 물거품만큼이나 대수롭지 않다고 말이다. 솔직히 지금까지 한번도 그렇게 생각해 본 적이 없다. 우주가 얼마나 넓은지 가히 상상이 안 되지만 그 공간 속에서 사실 지구만 해도 점 하나에 지나지 않을 것이다. 그리고 그 지구를 살아가는 인간들은 먼지 정도에 지나지 않으리라. 하지만 사람들은 각자 깨어 있는 시간의 대부분을 '나'에 집중한다. 삶이란 어찌 보면 크고 작은 욕구, 육체적·정신적 욕구를 채우는 과정이라고 할 수 있을 것이다. 욕망의 실현이 벽에 부딪힐 때마다 좌절하고 괴로워한다. 하지만 우주 차원에서 보면 한 개인의 욕망은 얼마나 하찮고 사소하겠는가.

    이 책에 있는 52가지 수련법들은 하나같이 지혜롭고 단순하고 유익한 것들이지만 그 중에서 특히 내 마음을 움직인 부분은 '놓아버리기'였다. 욕망이 실현되지 못하고 좌절될 때마다, 누군가 내 뜻과 반대로 움직인다 하더라도 적어도 이렇게 생각할 수는 있게 되었다. '이 상황을 바꿀 수 없다면, 더 이상 내가 할 수 있는 일이 아무 것도 없다면 그냥 놓아버리자. 놓아버리고 행복해지자.' 그리고 그렇게 '놓아버리는' 나를 흐뭇한 마음으로 바라볼 수 있게 되었다. 돌이킬 수 없는 일에 괴로워하지 않고 행복한 뇌, '붓다 브레인'을 만드는 것이 나와 타인을 위해 진정으로 행복해지는 길임을 깨달았으므로.

2012년 여름

이보경

참고문헌

Baumeister, R., E. Bratlavsky, C. Finkenauer, and K. Vohs. 2001. Bad is stronger than good. *Review of General Psychology* 5:323-370.

Berridge, K. C. and T. E. Robinson. 1998. What is the role of dopamine in reward: hedonic impact, reward learing, or incentive salience? Brain Research Reviews 28:309-369.

Davidson, R. J. 2004. Well-being and affective style: Neural substrates and biobehavioural correlates. *Philosophical Transactions of the Royal Society* 359:1395-1411.

Dusek, J. A., H. H. Out, A. L. Wohlhueter, M. Bhasin, L. F. Zerbini, M. G. Joseph, H. Benson, and T. A. Libermann. 2008. Genomic counter-stress changes induced by the relaxation response. *PLoS ONE* 3:e2576.

Farb, N. A. S., Z. V. Segal, H. Mayberg, J. Bean, D. McKeon, Z. Fatiman, and A. Anderson. 2007. Attending to the present: Mindfulness meditation reveals distinct neural modes of self-reference. *Social Cognitive and Affective Neuroscience* 2:313-322.

Gillihan, S. J. and M. J. Farah. 2005. Is self special? A critical review of evidence from experimental psychology and cognitive neuroscience. P*sychological Bulletin*, 131:76-97.

Goetz, J. L., D. Keltner, and E. Simon-Thomas. 2010. Compassion: An evolutionary analysis and empirical review. *Psychological Bulletin* 136: 351-374.

Gottman, J. 1995. *Why Marriages Succeed or Fail: And How You Can Make Yours Last.* New York: Simon and Schuster.

Gu, Y., J. W. Nieves, Y. Stern, J. A. Luchsinger, and N. Scarmeas. 2010. Food combination and Alzheimer disease risk: A protective diet. *Archives of Neurology* 67:699–706.

Guerrero-Beltran, C. E., M. Calderon-Oliver, J. Pedraza-Chaverri, and Y. I. Chirino. 2010. Protective effect of sulforaphane against oxidative stress: Recent advances. *Exprerimental and Toxicologic Pathology.* December 1. Epub ahead of print.

James, W. 1890. *The Principles of Psychology* (vol. 1) New York: Henry Holt.

Kabat-Zinn, J. 2003. Mindfulness-Based Interventions in Context: Past, Present, and Future. *Clinical Psychology: Science and Practice* 10:144–156.

Kabat-Zinn, J., Lipworth, L., and Burney, R. 1985. The clinical use of mindfulness meditation for the self-regulation of chronic pain. *Journal of Behavioral Medicine* 8:163–190.

Krikorian, R., M. D. Shidler, T. A. Nash, W. Kalt, M. R. Vinqvist-Tymchuk, B. Shukitt-Hale, and J. A. Hoseph. 2010. Blueberry supplementation improves memory in older adults. *Journal of Agriculture and Food Chemistry* 58:3996-4000.

Kristal-Boneh, E., M. Raifel, P. Froom, and J. Ribak. 1995. Heart rate variability in health and disease. *Scandinavian Journal of Work, Environment, and Health* 21:85–95.

Lazar, S., C. Kerr, R. Wasserman, J. Gray, D. Greve, M. Treadway, M. McGarvey, B. Quinn, J. Dusek, H. Denson, S. Rauch, C. Moore, and B. Fischl. 2005. Meditation experince is associated with increased cortical thickness. *NeuroReport* 16:1893–1897.

Leary, M., E. Tate, C. Adams, A. Allen, and J. Hancock. 2007. Self-compassion and reactions to unpleasant self-relevant events: The implications of treating oneself kindly. *Journal of Personality* 92:887–904.

Legrand, L. and P. Ruby. 2009. What is self-specific? Theoretical investigation and critical review of neuroimaging results. *Psychological Review* 116:252–282.

Maguire, E., D. Gadian, I. Johnsrude, C. Goo, J. Ashburner, R. Frackowiak, and C. Frith. 2000. Navigation-related structural change in the hippocampi of taxi drivers. *Proceedings of the National Academy of Sciences* 97:4398–4403.

Maier, S. F. and L. R. Watkins. 1998. Cytokines for psychologists: Implications of bidirectional immune-to-brain communication for understanding behavior, mood, and cognition. *Psychological Review* 105:83–107.

McCullough, M. E., S. D. Kilpatrick, R. A. Emmons, and D. B. Larson. 2001. Is gratitude a moral affect? *Psychological Bulletin* 127:249–266.

Niedenthal, P. 2007. Embodying emotion. *Science* 316:1002.

Nimitphong, H. and M. F. Holick. 2011. Viamin D, neurocognitive functioning and immunocompetence. *Current Opinion in Clinical Nutrition and Metabolic Care* 14:7–14.

Pecina, S, K. S. Smith, and K. C. Berridge. 2006. Hedonic hot spots in the brain. *The Neuroscientist* 12:500–511.

Rondanelli, M., A. Giacosa A. Opizzi, C. Pelucchi, C La Vecchia, G. Montorfano, M. Negroni, B. Berra, P. Politi, and A. M. Rizzo. 2010. Effect of omega-3 fatty acids supplementation on depressive symptoms and on health-related quality of life in the treatment of elderly women with depression: A doubli-blind, placebo-controlled, randomized clinical trial. *Journal of the American College of Nutrition* 29:55–64.

Rozin, P. and E. B. Royzman. 2001. Negativity bias, negativity dominace, and contagion. *Personality and Social Psychology Review* 5:296–320.

Schiepers, O. J. G., M. C. Wichers, and M. Maes. 2005. Cytokines and major depression. *Progress in Neuro-Pharmacology & Biological Psychiatry* 29:210–217.

Seligman, M. E. P. 1972. Learned helpessness. *Annual Review of Medicine* 23:407–412.

Skarupski, K. A., C. Tangney, H. Li, B. Ouyang, D. A. Evans, and M. C. Morris. 2010. Longitudinal association of vitamin B6, folate, and vitamin B12 with depressive symptoms among older adults over time. *The American Journal of Clinical Nutrition* 92:330–335.

Stein, D. J., V. Ives-Deliperi, and K. G. F. Thomas. 2008. Psychobiology of mindfulness. *CNS Spectrum* 13:752–756.